500만 독자가 선택한

가장 쉬운
독학 일본어 첫걸음
14,000원

가장 쉬운
독학 중국어 첫걸음
14,000원

가장 쉬운
프랑스어 첫걸음의 모든 것
17,000원

가장 쉬운
독일어 첫걸음의 모든 것
18,000원

가장 쉬운
스페인어 첫걸음의 모든 것
14,500원

버전업! 가장 쉬운
베트남어 첫걸음
16,000원

버전업! 가장 쉬운
태국어 첫걸음
16,800원

가장 쉬운
러시아어 첫걸음의 모든 것
16,000원

가장 쉬운
이탈리아어 첫걸음의 모든 것
17,500원

첫걸음 베스트 1위!

가장 쉬운
포르투갈어 첫걸음의 모든 것
18,000원

가장 쉬운
터키어 첫걸음의 모든 것
16,500원

버전업! 가장 쉬운
아랍어 첫걸음
18,500원

가장 쉬운
인도네시아어 첫걸음의 모든 것
18,500원

가장 쉬운
영어 첫걸음의 모든 것
16,500원

버전업! 굿모닝
독학 일본어 첫걸음
14,500원

가장 쉬운
중국어 첫걸음의 모든 것
14,500원

동양북스
www.dongyangbooks.com
m.dongyangbooks.com

오늘부터는
팟캐스트로 공부하자!

팟캐스트 무료 음성 강의

▸▸1
iOS 사용자

Podcast 앱에서
'동양북스' 검색

▸▸2
안드로이드 사용자

플레이스토어에서 '팟빵' 등
팟캐스트 앱 다운로드,
다운받은 앱에서
'동양북스' 검색

▸▸3
PC에서

팟빵(www.podbbang.com)에서
'동양북스' 검색
애플 iTunes 프로그램에서
'동양북스' 검색

** 신규 팟캐스트 강의가 계속 추가될 예정입니다.

중국어뱅크

실력 UP 중국어 ①

徐權, 徐永根, 孫惠波, 王晓葵, 张金平 지음

동양북스

초판 4쇄 | 2017년 9월 10일

지은이 | 徐權, 徐永根, 孫惠波, 王曉葵, 张金平
발행인 | 김태웅
편집장 | 강석기
편 집 | 권민서, 정지선, 김효수, 김다정
디자인 | 방혜자, 이미영, 김효정, 서진희
마케팅총괄 | 나재승
마케팅 | 서재욱, 김귀찬, 이종민, 오승수, 조경현
온라인 마케팅 | 김철영, 양윤모
제 작 | 현대순
총 무 | 한경숙, 안서현, 최여진, 강아담
관 리 | 김훈희, 이국희, 김승훈, 이규재

발행처 | 동양북스
등 록 | 제 10-806호(1993년 4월 3일)
주 소 | 서울시 마포구 동교로 22길 12 (121-842)
전 화 | (02)337-1737
팩 스 | (02)334-6624

http://www.dongyangbooks.com
m.dongyangbooks.com (모바일)

ISBN   978-89-8300-995-1 14720
       978-89-8300-994-4 14720 (세트)

▶ 본 책은 저작권법에 의해 보호를 받는 저작물이므로 무단 전재와 복제를 금합니다.
▶ 잘못된 책은 구입처에서 교환해 드립니다.

이 책은 중국어를 처음 배우는 한국인을 위해 만든 속성 중국어 교재입니다. 학습의 효율성을 높이고 구조적인 면을 보다 깊이 이해할 수 있게 중국어와 중국 문화를 접목하였고, 배우기 쉽도록 간단하고 재미있게 구성하였습니다. 일상생활에서 자주 사용하는 필수 회화를 본문의 기본 골격으로 삼았으며, 학생들이 어려워하는 어법도 자세한 설명을 통해 탄탄히 보강하였습니다.

이 책의 특징은 다음과 같습니다.

첫째, 실용적입니다. 중국에서 생활하면서 유용하게 사용할 수 있는 기본 회화가 모두 포함되어 있습니다. 이 책에 쓰인 표현들은 현대 중국어 중 가장 기본적이고 실용적인 표현이기 때문에 잘 배우고 익히면 중국에 가서 바로 활용할 수 있습니다. 따라서 언제 어디서 중국인과 부딪쳐도 별다른 어려움 없이 대화가 가능합니다.

둘째, 참신합니다. 중국인들이 요즘 실생활에서 사용하는 단어들을 위주로 사용하여 시대에 뒤처지지 않는 따끈따끈한 중국어를 배울 수 있습니다.

셋째, 알찹니다. 체계적인 구성, 속이 꽉 찬 콘텐츠, 철저한 복습 단계가 이 교재의 가장 큰 특징이므로 성실히 공부하면 상당한 중국어 실력을 갖출 수 있습니다.

최선을 다했지만 여전히 아쉬움과 부족함을 많이 느낍니다. 아무쪼록 이 책이 중국어 학습에 좋은 선생님이 되어, 이 책으로 공부한 여러분 모두가 중국 전문가로 다시 태어났으면 좋겠습니다.

지은이 옮김

이 책은 이렇게 구성했습니다

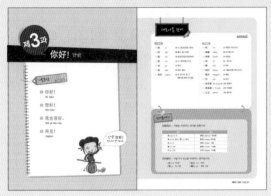

기본문장
각 과의 핵심 표현만 모았습니다. 본격적인 공부에 들어가기 전에 미리 익혀놓으면 본문 학습에 효과를 높일 수 있습니다.

새로나온 단어
반드시 익혀야 할 단어들을 각 과의 첫머리에 배치해서, 쉽게 본문 회화에 접근할 수 있습니다. 특히 '기본문장'에 나오는 단어는 먼저 배울 수 있도록 맨 앞에 배열하였습니다.

회화
일상생활에 꼭 필요한 상황을 대화 형식으로 구성하여 중요하고 어려운 표현도 쉽게 배울 수 있습니다. 핵심 표현이나 구문에는 따로 주석을 달아 설명하였으므로 쉽게 이해할 수 있습니다.

선생님은 이 책을 이렇게 활용하세요!

1. 기본문장부터 착착~

'기본문장'은 해당 단원의 핵심 내용을 착착~ 뽑아놓은 부분입니다.
'기본문장'만 잘 익혀도 이미 반은 다 소화했다고 할 수 있겠죠?
학생들이 이 내용을 충분히 숙지할 수 있도록 가르쳐주세요.

2. 똑~ 소리 나는 주제별 회화!

같은 주제지만 다양한 회화로 구성된 본문!
똑~ 소리 나는 회화가 수업을 흥미롭고 풍성하게 합니다.
또한 회화 옆의 주석을 참고하면 수업 진행이 더욱 매끄러울 거예요!

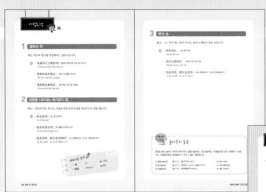

어법요점

중국어를 배울 때 반드시 알아야 할 어법을 따로 정리하였습니다. 딱딱한 어법도 이해하기 쉽게 간단히 설명하였으며, 다양한 예문을 통해 풍부한 표현을 익힐 수 있습니다.

연습문제

'회화연습'과 '어법연습'으로 구성되어 말하기와 듣기, 읽기, 쓰기는 물론이고 작문 실력까지 키울 수 있습니다.

간체자 연습

본문에 나온 단어를 실제로 써볼 수 있습니다. 한 획씩 직접 써봐야 비로소 실력을 키울 수 있습니다.

문화 칼럼

중국의 다양한 문화를 소개하였습니다. 아무리 중국어를 잘해도 중국 문화를 모르면 정확한 의사 전달이 안 될 때가 많습니다. '문화 칼럼'으로 문화까지 마스터 하세요!

학생들은 이 책을 이렇게 활용하세요!

1. 오디오 CD를 100배 활용하면 중국어가 쏙쏙~

수시로 들으세요. 꾸준히 듣다 보면 중국어가 귀에 쏙쏙~ 들어온답니다.
어느 날 자기도 모르게 입이 열리고, 결국 실력이 쌓인 것이죠.
중국인의 정확한 발음과 어감을 느끼면서 최대한 똑같이 따라하세요.

2. 연습문제를 100배 활용하면 중국어가 쏙쏙~

소홀하기 쉬운 연습문제! 그냥 지나치지 말고 꼭 풀어보세요.
듣기, 쓰기, 말하기, 읽기가 골고루 섞여 있어 실력 다지기에는 딱~이랍니다.
중국어의 최강자가 되고 싶다면 절대로 연습문제를 놓치지 마세요!

차 례

Contents

주요 인물 소개

金京美 김경미
주인공. 한국인. 여. 23세.

Jīn Jīngměi

李英爱 이영애
경미의 가장 친한 친구. 한국인. 여. 23세.

Lǐ Yīng'ài

大卫 데이빗(David)
경미, 영애, 소룡의 친구. 미국인. 남. 23세.

Dàwèi

李小龙 이소룡
경미의 중국 친구. 중국인. 남. 22세.

Lǐ Xiǎolóng

중국으로 유학 간 주인공 경미가 영애, 데이빗, 소룡을 만납니다. 서로 친구가 되고 중국 문화를 체험하는 과정이 중국어로 전개되지요. 네 명의 친구들이 나누는 재미있는 중국어 대화! 우리도 한번 신나게 배워볼까요?

✻ 품사의 약어표

품사	약어	품사	약어
감탄사	감	양사	양
전치사	전	접속사	접
대명사	대	접두사	접두
동사	동	접미사	접미
명사	명	조사	조
부사	부	조동사	조동
수량사	수량	형용사	형
수사	수	의문사	의
고유명사	고유		

중국어의 발음

성모 · 운모 · 성조

현대 중국어의 표준어(普通话 pǔtōnghuà)는 21개의 '성모(声母)'와 38개의 '운모(韵母)'로 구성되어 있습니다. 성모는 자음에, 운모는 모음에 비유할 수 있는데, 이 성모와 운모가 결합되어 하나의 음절을 이룹니다.

우리말의 음절은 자음과 모음만으로 이루어지지만 중국어에는 음의 높낮이를 나타내는 '성조(声调)'라는 것이 있으며 각 음절의 운모 위에 표시합니다.

높다 : 高 gāo

성조

성모

운모

중국어는 발음이 좋으면 일단 합격!

1 성모

성모는 음절의 앞머리에 오는 '자음'에 해당하며 모두 21개입니다. 발음하는 입 모양과 혀의 위치에 따라 쌍순음, 순치음, 설첨음, 설근음, 설면음, 권설음, 설치음으로 구분합니다.

✱ 중국어 발음은 한국어로 정확히 나타낼 수 없기 때문에 교재에는 별도로 한국어 발음을 표기하지 않았습니다.

구분	이름	발음법	표기
순음 (입술소리)	쌍순음 (双唇音)	두 입술을 붙였다 떼면서 소리를 냅니다.	b p m
	순치음 (唇齿音)	앞니로 아랫입술을 살짝 물었다가 떼면서 소리를 냅니다.	f
설음 (혓소리)	설첨음 (舌尖音)	혀끝을 윗니의 안쪽 잇몸에 살짝 댔다 떼면서 소리를 냅니다.	d t n l
	설근음 (舌根音)	입천장과 혀뿌리 사이로 숨을 내보내며 소리를 냅니다.	g k h
	설면음 (舌面音)	입천장과 혓바닥 사이로 숨을 내보내며 소리를 냅니다.	j q x
	권설음 (卷舌音)	혀끝을 위로 말아 올리며 부드럽게 소리를 냅니다.	zh ch sh r
	설치음 (舌齿音)	혀끝을 윗니 뒷면에 댔다 떼면서 소리를 냅니다.	z c s

발음해봅시다

Track-01

구분	성모		발음법
쌍순음	b	[bo]	두 입술을 붙였다 가볍게 떼면서 발음합니다.
	p	[po]	두 입술을 붙였다 뗄 때 바람을 입 밖으로 내보내며 발음합니다.
	m	[mo]	비음(鼻音)으로 두 입술을 붙였다 떼면서 성대를 울리며 발음합니다.
순치음	f	[fo]	앞니를 아랫입술에 붙였다 떼면서 영어의 [f] 발음과 비슷하게 발음합니다.
설첨음	d	[de]	혀끝을 윗니의 안쪽 잇몸에 댔다 떼면서 발음합니다.
	t	[te]	혀끝을 윗니의 안쪽 잇몸에 댔다 떼면서 발음합니다.
	n	[ne]	혀끝을 윗니의 안쪽 잇몸에 댔다 떼면서 발음합니다.
	l	[le]	혀끝을 윗니의 안쪽 잇몸에 댔다 떼면서 발음합니다.
설근음	g	[ge]	입천장과 혀뿌리 사이로 숨을 내보내며 발음합니다.
	k	[ke]	입천장과 혀뿌리 사이로 숨을 내보내며 발음합니다.
	h	[he]	입천장과 혀뿌리 사이로 숨을 강하게 내보내며 발음합니다.
설면음	j	[ji]	혓바닥을 입천장에 살짝 붙였다 떼고 혀끝은 아랫니 뒤에 붙였다 떼면서 약하게 발음합니다.
	q	[qi]	혓바닥을 입천장에 살짝 붙였다 떼고 혀끝은 아랫니 뒤에 붙였다 떼면서 강하게 발음합니다.
	x	[xi]	혓바닥을 입천장에 살짝 붙이고 그 틈으로 입김을 마찰시키며 발음합니다.
권설음	zh	[zhi]	혀끝을 말아 올리고 입김을 마찰시키며 약하게 발음합니다.
	ch	[chi]	혀끝을 말아 올리고 입김을 마찰시키며 강하게 발음합니다.
	sh	[shi]	혀끝을 말아 올리고 입김을 마찰시키며 성대가 울리지 않게 발음합니다.
	r	[ri]	혀끝을 말아 올리고 입김을 마찰시키며 성대를 진동시켜 발음합니다.
설치음	z	[zi]	혀끝을 윗니의 뒤에 붙였다 떼면서 발음합니다.
	c	[ci]	혀끝을 윗니의 뒤에 붙였다 떼면서 발음합니다.
	s	[si]	혀끝을 윗니의 뒤에 살짝 대고 입김을 마찰시키며 발음합니다.

2 운모

운모는 자음 뒤에 오는 '모음'에 해당하며 모두 38개입니다. a와 같은 단운모와 ai와 같은 복운모, an과 같이 콧소리가 나는 비운모로 구분합니다.

＊ 중국어 발음은 한국어로 정확히 나타낼 수 없기 때문에 교재에는 별도로 한국어 발음을 표기하지 않았습니다.

이름	표기와 발음
단운모 (单韵母)	a, o, e, ê, i, u, ü, er
복운모 (复韵母)	ai, ei, ao, ou, ia, ie, ua, uo, üe, iao, iou, uai, uei
비운모 (鼻韵母)	an, ian, uan, üan, en, in, uen, ün, ang, iang, uang, eng, ing, ueng, ong, iong

※ 운모 ü와 üe는 성모 n, l, j, q, x와만 결합하며, üan과 ün은 j, q, x와만 결합한다.
ü로 시작하는 운모가 j, q, x와 결합할 때 위의 두 점은 생략되며, 발음은 원래대로 한다.

예 l + üe → lüe / n + üe → nüe
  j + üe → jue
  q + üan → quan
  x + ün → xun

발음해봅시다

구분	운모	발음법
단운모	a	입을 크게 벌리고 발음합니다.
	o	입을 동그랗게 하고 발음합니다.
	e	입을 반쯤 벌리고 발음합니다.
	i	입을 반쯤 벌리고 발음합니다.
	u	입을 작고 둥글게 만들어 앞으로 내밀며 발음합니다.
	ü	입술을 최대한 동그랗게 오므리고 앞으로 내밀어 오므린 채로 발음합니다.
결합운모	ai	a는 강하고 길게, i는 짧고 약하게 발음합니다.
	ei	e(에)는 강하고 길게, i는 짧고 약하게 발음합니다.
	ao	a는 강하고 길게, o는 약하게 발음합니다.
	ou	o는 강하고 길게 '어'에 가깝게, u는 약하게 발음합니다.
비운모	an	a는 강하게, n은 약하게 발음합니다.
	en	e는 강하게, n은 약하게 발음합니다.
	ang	a는 강하게, ng는 약하게 발음합니다.
	eng	e는 강하게, ng는 약하게 발음합니다.
	ong	앞에 자음이 있으면 -ong으로 표기합니다.
결합운모	ia	a는 강하고 길게, i는 짧고 약하게 발음합니다.
	ie	e는 강하고 길게, i는 짧고 약하게 발음합니다.
	iao	a는 강하고 길게, i와 o는 약하게 발음합니다.
	iou(iu)	o는 강하고 길게, i와 u는 약하게 발음합니다.
비운모	ian	a는 강하게, i와 n은 약하게 발음합니다.
	in	i는 강하게, n은 약하게 발음합니다.
	iang	a는 강하게, i와 ng는 약하게 발음합니다.
	ing	i는 강하게, ng는 약하게 발음합니다.
	iong	앞에 자음이 있으면 -iong으로 표기합니다
결합운모	ua	a는 강하고 길게, u는 약하게 발음합니다.
	uo	o는 강하고 길게, u는 약하게 발음합니다.
	uai	a는 강하고 길게, u와 i는 약하게 발음합니다.
	uei(ui)	e는 강하고 길게, u와 i는 약하게 발음합니다.
비운모	uan	a는 강하게, u와 n은 약하게 발음합니다.
	uen(un)	e는 강하게, u와 n은 약하게 발음합니다.
	uang	a는 강하게, u와 ng는 약하게 발음합니다.
	ueng	e는 강하게, u와 ng는 약하게 발음합니다.
결합운모	üe	e는 강하고 길게, ü는 약하게 발음합니다.
비운모	üan	a는 강하게, ü와 n은 약하게 발음합니다.
	ün	ü는 강하게, n은 약하게 입술을 둥글게 유지합니다.
권설운모	er	혀끝을 말아 입천장 가까이에서 발음합니다.
	(-i)	입을 옆으로 작게 벌리고 발음합니다.
	(ê)	입을 작게 벌리고 발음합니다.

3 운모만으로 이루어진 음절

음절의 결합상 모든 음절에 성모가 있는 것은 아닙니다. 성모 없이 운모만으로 음절이 이루어질 경우에는 다음과 같이 표기하고 발음합니다.

a → a	ai → ai	ao → ao	an → an	ang → ang
e → e	en → en	eng → eng	er → er	ou → ou
i → yi	ia → ya	ie → ye	iao → yao	iou → you
ian → yan	in → yin	iang → yang	ing → ying	iong → yong
u → wu	ua → wa	uo → wo	uai → wai	uei → wei
uan → wan	uen → wen	uang → wang	ueng → weng	
ü → yu	üan → yuan	ün → yun	üe → yue	

4 발음 연습

Track-03

	a	o	e	ai	ei	ao	ou	an	en	ang
b	ba	bo		bai	bei	bao		ban	ben	bang
p	pa	po		pai	pei	pao	pou	pan	pen	pang
m	ma	mo	me	mai	mei	mao	mou	man	men	mang
f	fa	fo			fei		fou	fan	fen	fang
d	da		de	dai	dei	dao	dou	dan	den	dang
t	ta		te	tai		tao	tou	tan		tang
n	na		ne	nai	nei	nao	nou	nan	nen	nang
l	la		le	lai	lei	lao	lou	lan		lang
g	ga		ge	gai	gei	gao	gou	gan	gen	gang
k	ka		ke	kai	kei	kao	kou	kan	ken	kang
h	ha		he	hai	hei	hao	hou	han	hen	hang

Track-04

	i	ia	iao	ie	iou	ian	in	iang	ing	iong
j	ji	jia	jiao	jie	jiu	jian	jin	jiang	jing	jiong
q	qi	qia	qiao	qie	qiu	qian	qin	qiang	qing	qiong
x	xi	xia	xiao	xie	xiu	xian	xin	xiang	xing	xiong

	a	e	-i	ai	ei	ao	ou	an	en	ang	eng	ong
zh	zha	zhe	zhi	zhai	zhei	zhao	zhou	zhan	zhen	zhang	zheng	zhong
ch	cha	che	chi	chai		chao	chou	chan	chen	chang	cheng	chong
sh	sha	she	shi	shai	shei	shao	shou	shan	shen	shang	sheng	
r		re	ri			rao	rou	ran	ren	rang	reng	rong
z	za	ze	zi	zai	zei	zao	zou	zan	zen	zang	zeng	zong
c	ca	ce	ci	cai		cao	cou	can	cen	cang	ceng	cong
s	sa	se	si	sai		sao	sou	san	sen	sang	seng	song

bo~(뽀)는 뽀뽀의 bo~
mo~(모)는 "뭐라고?"의 mo~

1 들려주는 발음을 듣고 성모를 써보세요.

예 <u>m</u>

① _____ ② _____ ③ _____ ④ _____

2 들려주는 발음을 듣고 운모를 써보세요.

예 <u>uai</u>

① _____ ② _____ ③ _____ ④ _____

3 들려주는 발음을 듣고 성모와 운모를 써보세요.

예 <u>zhong</u>

① _____ ② _____ ③ _____ ④ _____

볼에 경련이 나도록
크게 '아~'하기!

1 다음 성모와 운모를 읽어보세요.

① dang   ② zhi

③ shou   ④ ao

⑤ xiong   ⑥ yue

2 다음 문장의 한어병음을 보고 큰소리로 읽어보세요.

①

A : Xièxie.

B : Bú kèqi.

②

A : Duì bu qǐ.

B : Méi guānxi.

제2과

중국어의 성조

성조

중국어의 성조는 각 음절 위에 표시되어 음의 높낮이를 나타냅니다.
표준어에서는 성조를 제1성, 제2성, 제3성, 제4성의 4가지로 구분합니다.
같은 음절이라도 성조가 다르면 의미도 달라집니다.

제1성
음을 높고 평탄하게 유지합니다.
mā(妈, 엄마)

제2성
음이 중간에서 급히 올라갑니다.
má(麻, 마)

제3성
음을 중간까지 내렸다가 천천히 올라갑니다.
mǎ(马, 말)

제4성
음이 위에서 아래로 급히 내려옵니다.
mà(骂, 욕하다)

1 성조 규칙

성조 부호는 음절 표기상 단모음(a, e, o, u, i) 위에 붙이는데, 결합모음일 경우 다음과 같은 규칙이 있습니다.

① 모음 중에 a가 있으면 반드시 a에 붙입니다.

dà(大)　　　　hǎo(好)　　　　kuài(快)　　　guāng(光)

② 모음 중에 a가 없으면 e와 o에 붙입니다.

gěi(给)　　　　xué(学)　　　　duō(多)　　　lóu(楼)

③ 모음 중에 a, e, o가 없으면, -iu와 -ui는 순서에 관계없이 뒤에 오는 모음 위에 붙입니다.

liù(六)　　　　jiǔ(九)　　　　duì(对)　　　zuì(最)

④ 모음 i에 붙여야 할 경우에는 i위의 점을 떼고 붙입니다.

bǐ(笔)　　　　pí(皮)　　　　zì(字)　　　zhǐ(纸)

경성은 제1성(―), 제2성(/), 제3성(∨), 제4성(\ )보다 가볍고 짧게 발음하며, 모음 위에 성조 부호를 표시하지 않습니다. 일반적으로 조사나 접미사, 혹은 동음이 중첩된 경우에 경성으로 읽습니다.

① 조사

    wǒ de(我的)   nǐ de(你的)   nǐ hǎo ma(你好吗) nǐ ne(你呢)

② 접미사

    wǒmen(我们)   nǐmen(你们)   zhuōzi(桌子)   yǐzi(椅子)

③ 동음 중첩

    bàba(爸爸)   māma(妈妈)   dìdi(弟弟)   xièxie(谢谢)

3 성조 변화 Track-09

한자 하나하나는 고유의 음가에 따라 성조가 이미 정해져 있지만, 연음이 될 때는 앞뒤 성조의 영향을 받거나 중첩되면서 성조가 변하는 경우가 있습니다.

① 제3성은 뒤에 오는 음절의 성조에 따라 변합니다. 제3성(∨) 앞에서는 제2성으로, 제1성(―), 제2성(/), 제4성(\ ), 경성 앞에서는 제반3성으로 발음합니다.

    3성(∨) + 3성(∨)
    nǐ hǎo → ní hǎo(你好)
    hěn hǎo → hén hǎo(很好)
    wǒ hěn hǎo → wó hén hǎo(我很好)

    3성(∨) + 1성(―), 2성(/), 4성(\ ), 경성(·)
    hěn gāo → hěn gāo(很高)   hěn máng → hěn máng(很忙)
    hěn dà → hěn dà(很大)   wǒmen → wǒmen(我们)
    nǐmen → nǐmen(你们)

② 不(bù)는 제4성 앞에서 제2성으로 발음합니다.

bù qù → bú qù(不去)
bù shì → bú shì(不是)
bù kàn → bú kàn(不看)

③ 一(yī)의 성조는 본래 제1성이지만, 제4성(경성으로 바뀐 제4성까지 포함) 앞에서는 제2성으로, 제1성, 제2성, 제3성 앞에서는 제4성으로 쓰입니다. 또한 단음절 동사 사이에 쓰여 동사의 중첩형이 될 때는 경성으로 발음하며, 방 번호나 수사를 나타낼 경우에는 성조 변화 없이 그대로 읽는 예외적인 경우도 있습니다.
예 yīlóu(一楼) / yīhào(一号)

yídìng(一定)   yí ge(一个)
yìxīn(一心)   yìpái(一排)
yìqǐ(一起)   kàn yi kàn(看一看)

④ 형용사가 중첩이 되면 정도와 묘사의 성격이 한층 더 강해집니다. 단음절 형용사가 중첩이 되면 두 번째 음절에 儿(ér)을 붙이면서 제1성으로 읽습니다. 儿을 붙이는 儿化(érhuà)현상은 중국 북방 구어(口语)에서 많이 쓰이는데, 정중하고 공식적인 자리에서는 잘 사용하지 않습니다.

hǎohāor(好好儿)   mànmānr(慢慢儿)
zǎozāor(早早儿)   yuǎnyuānr(远远儿)

4 儿化

독립적인 단어에 쓰이는 儿 이외의 儿化는 베이징어의 특색으로, 발음을 부드럽게 하고 친근감을 주는 구어적인 변화이며, 명사나 동사, 형용사 음절 뒤에 붙입니다. 儿의 고정된 음절은 ér이지만, 儿化로 쓰이면 앞의 음절에 동화되어 -r로 표기합니다. 앞 음절이 -i, -n, -ng로 끝나면 -i, -n, -ng는 발음하지 않고 -r 발음만 합니다.

zhè(这)	→	zhèr(这儿)
nà(那)	→	nàr(那儿)
nǎ(哪)	→	nǎr(哪儿)
huā(花)	→	huār(花儿)
gēn(根)	→	gēnr(根儿)
xiǎohái(小孩)	→	xiǎoháir(小孩儿)
wán(玩)	→	wánr(玩儿)
yìdiǎn(一点)	→	yìdiǎnr(一点儿)
hǎohāo(好好)	→	hǎohāor(好好儿)

5 격음부호[']

격음부호는 음절 하나하나의 음을 분명하게 격리시키는 부호입니다. a, o, e로 시작되는 음절이 다른 음절 뒤에 올 때 음절과 음절 사이에 격음부호[']를 표기하여 구분합니다.

nǚ'ér(女儿)   Tiān'ānmén(天安门)
yòu'éryuán(幼儿园)   Cháng'ānlù(长安路)

6 성조 연습

제1성 Track-12

一 + 一 (1성 + 1성)

- fēijī　　飞机　비행기
- xiāngjiāo　香蕉　바나나

一 + ／ (1성 + 2성)

- shēngcí　生词　새 단어
- Zhōngguó　中国　중국

一 + ∨ (1성 + 3성)

- kāishǐ　开始　시작하다
- qiānbǐ　铅笔　연필

一 + ＼ (1성 + 4성)

- yīyuàn　医院　병원
- shēngrì　生日　생일

一 + · (1성 + 경성)

- dōngxi　东西　물건
- māma　妈妈　엄마

제2성 Track-13

／ + 一 (2성 + 1성)

- zuótiān　昨天　어제
- míngtiān　明天　내일

／ + ／ (2성 + 2성)

- Hánguó　韩国　한국
- zúqiú　足球　축구

／ + ∨ (2성 + 3성)

- niúnǎi　牛奶　우유
- cídiǎn　词典　사전

／ + ＼ (2성 + 4성)

- chídào　迟到　늦다
- xuéxiào　学校　학교

／ + · (2성 + 경성)

- yéye　爷爷　할아버지
- péngyou　朋友　친구

제3성 　Track-14

∨ + ─ (3성 + 1성)

- měitiān　　每天　　매일
- hǎochī　　好吃　　맛있다

∨ + ╱ (3성 + 2성)

- lǎorén　　老人　　노인
- Měiguó　　美国　　미국

∨ + ∨ (3성 + 3성)

- shuǐguǒ　　水果　　과일
- shǒubiǎo　　手表　　손목시계

∨ + ╲ (3성 + 4성)

- gǎnmào　　感冒　　감기
- kǎoshì　　考试　　시험

∨ + · (3성 + 경성)

- nǎinai　　奶奶　　할머니
- yǐzi　　椅子　　의자

제4성 　Track-15

╲ + ─ (4성 + 1성)

- xiàtiān　　夏天　　여름
- dàyī　　大衣　　외투

╲ + ╱ (4성 + 2성)

- liànxí　　练习　　연습
- wèilái　　未来　　미래

╲ + ∨ (4성 + 3성)

- Hànyǔ　　汉语　　중국어
- xià yǔ　　下雨　　비가 내리다

╲ + ╲ (4성 + 4성)

- pàocài　　泡菜　　김치
- diànhuà　　电话　　전화

╲ + · (4성 + 경성)

- bàba　　爸爸　　아빠
- yàngzi　　样子　　모양

숫자를 익히며
발음과성조를
복습해보세요.

• 一	yī	1, 일, 하나	• 六	liù	6, 육, 여섯	• 百	bǎi	백
• 二	èr	2, 이, 둘	• 七	qī	7, 칠, 일곱	• 千	qiān	천
• 三	sān	3, 삼, 셋	• 八	bā	8, 팔, 여덟	• 万	wàn	만
• 四	sì	4, 사, 넷	• 九	jiǔ	9, 구, 아홉			
• 五	wǔ	5, 오, 다섯	• 十	shí	10, 십, 열			

3.6.9～
3.6.9～

12!!

… 너, 틀렸어 …

1 들려주는 발음을 듣고 성조를 표시하세요.

①
②
③

hua   niao   shu

2 들려주는 발음을 듣고 성조를 표시하세요.

①   bingxiang

②   youju

③   dianhua

④   beizi

1 다음 음절을 성조에 주의하여 읽어보세요.

① wǒ   ② huā

③ tiào   ④ hěn

2 다음 음절을 성조에 주의하여 읽어보세요.

①

xīguā(西瓜)

②

shǒutào(手套)

③

yǐzi(椅子)

④

píngguǒ(苹果)

你好! 안녕!

① 你好!
Nǐ hǎo!

② 您好!
Nín hǎo!

③ 我也很好。
Wǒ yě hěn hǎo.

④ 再见!
Zàijiàn!

안녕! 你好!
만나서 반가워요.

새로나온 단어

Track-19

기본형

□□ 你	nǐ	때	너, 당신(2인칭 대사)
□□ 好	hǎo	혱	좋다, 잘 지내다
□□ 您	nín	때	당신(2인칭 존칭대사)
□□ 我	wǒ	때	나, 저(1인칭 대사)
□□ 也	yě	뷔	역시
□□ 很	hěn	뷔	매우, 몹시
□□ 再见	zàijiàn	툉	또 만나자, 잘 가 (헤어질 때의 인사말)

확장형

□□ 吗	ma	죄	의문의 어기조사
□□ 谢谢	xièxie	툉	감사합니다
□□ 老师	lǎoshī	몡	선생님
□□ 和	hé	젭	~와(과)
□□ 都	dōu	뷔	모두
□□ 他们	tāmen	때	그들(3인칭 복수대사)
□□ 明天	míngtiān	몡	내일
□□ 见	jiàn	툉	보다
□□ 金京美	Jīn Jīngměi	고유	김경미
□□ 李英爱	Lǐ Yīng'ài	고유	이영애
□□ 大卫	Dàwèi	고유	데이빗

단어플러스+

인칭대사 – 사람을 가리키는 대사를 말합니다.

단수	복수
我 wǒ 나, 저	我们 wǒmen 우리들
你 nǐ 너, 당신 / 您 nín 당신	你们 nǐmen 당신들
他 tā 그	他们 tāmen 그들
她 tā 그녀	她们 tāmen 그녀들
它 tā 그것	它们 tāmen 그것들

지시대사 – 사물이나 장소를 가리키는 대사입니다.

□ 这 zhè 이(것)　　　□ 这儿 zhèr 이곳

□ 那 nà 저, 저것　　　□ 那儿 nàr 저곳, 그곳

金京美　**你好吗?**①
　　　　Nǐ　hǎo ma?

李英爱　**很**②**好，谢谢!**
　　　　Hěn hǎo,　　xièxie!

金京美　**再见!**③
　　　　Zàijiàn!

李英爱　**再见!**
　　　　Zàijiàn!

① 你好吗?는 구체적으로 건강이나 안부를 묻는 말로 '잘 지내지?'라는 뜻입니다.

② 很은 '매우, 무척'이라는 뜻이지만 형용사 앞에서 별 의미 없이 습관적으로 쓰일 때가 더 많습니다.

③ 再见!은 헤어질 때 하는 인사말로 '잘 가!'란 뜻입니다.

老师　　你好!①
　　　　Nǐ hǎo!

金京美　老师，您②好!
　　　　Lǎoshī, nín hǎo!

老师　　英爱和大卫都好吗?
　　　　Yīng'ài hé Dàwèi dōu hǎo ma?

金京美　他们也都③很好。谢谢!
　　　　Tāmen yě dōu hěn hǎo. Xièxie!

老师　　明天见!
　　　　Míngtiān jiàn!

金京美　明天见!
　　　　Míngtiān jiàn!

① 你好!는 사람을 만났을 때 누구에게나 가볍게 할 수 있는 인사말로 '안녕!'이란 뜻입니다. 你好吗?와 혼동하지 마세요.

② 윗사람에게는 你보다 정중한 표현인 您을 씁니다.

③ 也와 都는 모두 부사이지만, 부사의 어순으로 也가 都 앞에 쓰여야 합니다.

1 접속사 和

和는 명사와 명사를 연결해주는 접속사입니다.

ex
- 英爱和大卫都好吗? 영애와 데이빗은 모두 잘 지내니?
  Yīng'ài hé Dàwèi dōu hǎo ma?

- 我和你是好朋友。 나와 너는 좋은 친구야.
  Wǒ hé nǐ shì hǎo péngyou.

- 他和我也都很好。 그와 저는 모두 잘 지내요.
  Tā hé wǒ yě dōu hěn hǎo.

2 의문을 나타내는 어기조사 吗

吗는 '~입니까'라는 뜻으로, 서술문 끝에 쓰여 문장을 의문문으로 만들어줍니다.

ex
- 你也好吗? 너도 잘 지내니?
  Nǐ yě hǎo ma?

- 他是好朋友吗? 그는 좋은 친구입니까?
  Tā shì hǎo péngyou ma?

- 他是老师, 她也是老师吗? 그는 선생님인데, 그녀도 선생님입니까?
  Tā shì lǎoshī, tā yě shì lǎoshī ma?

새로나온 단어

□□ 是　　　shì　　　동 ~이다

□□ 朋友　　péngyou　　명 친구

3 부사 也

也는 '~도, 역시'라는 뜻의 부사로, 동사나 형용사 앞에 쓰입니다.

ex
- 我也很好。 나도 잘 지내.
  Wǒ yě hěn hǎo.

- 我们也都很好。 우리도 모두 잘 지내.
  Wǒmen yě dōu hěn hǎo.

- 他是老师，她也是老师。 그는 선생님이고, 그녀도 선생님입니다.
  Tā shì lǎoshī, tā yě shì lǎoshī.

어법 중의 어법 술어문의 종류

문장은 중심 술어가 무엇인가에 따라 '형용사술어문 / 동사술어문 / 주술술어문'으로 구분할 수 있습니다. 주술술어문은 중심술어가 '주어 + 술어' 형태입니다.

① 형용사술어문　　　我(주어) + 很忙(형용사술어)。　　　　　　　나는 매우 바쁘다.
② 동사술어문　　　　我(주어) + 学习(동사술어) + 汉语(목적어)。　　나는 중국어를 배운다.
③ 주술술어문　　　　我(주어) + 身体很好(주술술어)。　　　　　　나는 매우 건강하다.

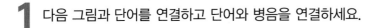

회화연습

1 다음 그림과 단어를 연결하고 단어와 병음을 연결하세요.

① 　　　•　　　• 你　•　　　• wǒ

②　　　•　　　• 我　•　　　• lǎoshī

③ 　　•　　　• 老师 •　　　• nǐ

2 녹음을 듣고 빈칸을 채워보세요. Track-22

① 你_____吗?
Nǐ hǎo ma?

② 老师, _____好!
Lǎoshī, nín hǎo!

③ 他们_____。谢谢!
Tāmen dōu hěn hǎo. Xièxie!

3 다음 문장을 중국어로 말해보세요.

① 안녕!　　　➡ _____ !

② 고마워!　　➡ _____ !

③ 잘 가!　　　➡ _____ !

1 다음 두 개의 명사를 접속사 和로 연결해보세요.

① 我 ＋ 你

➡ ＿＿＿＿＿＿＿＿＿＿＿＿＿＿＿＿。

② 老师 ＋ 大卫

➡ ＿＿＿＿＿＿＿＿＿＿＿＿＿＿＿＿。

2 다음 문장을 也를 이용하여 고쳐보세요.

① 我很好。

➡ ＿＿＿＿＿＿＿＿＿＿＿＿＿＿＿＿。

② 他们都很好。

➡ ＿＿＿＿＿＿＿＿＿＿＿＿＿＿＿＿。

你好 nǐ hǎo 안녕	你好	你好	你好	你好
	你好	你好	你好	你好
再见 zàijiàn 잘 가	再见	再见	再见	再见
	再见	再见	再见	再见
老师 lǎoshī 선생님	老师	老师	老师	老师
	老师	老师	老师	老师
他们 tāmen 그들	他们	他们	他们	他们
	他们	他们	他们	他们
谢谢 xièxie 고맙습니다	谢谢	谢谢	谢谢	谢谢
	谢谢	谢谢	谢谢	谢谢
明天 míngtiān 내일	明天	明天	明天	明天
	明天	明天	明天	明天

차의 나라, 중국

중국의 유구한 역사만큼이나 오랫동안 중국인과 함께해온 차. 중국은 '차의 나라'라는 별명이 있을 정도로 차문화가 발달해 있습니다. 중국의 차는 17세기 초 네덜란드의 동인도 회사를 통해 유럽으로 전파된 이후 그곳의 왕실과 귀족 중심의 상류계층에서도 큰 사랑을 받았습니다.

중국의 차는 그 종류만도 수천 종인데 발효의 정도에 따라 크게 녹차, 청차, 오룡차, 홍차 등으로 분류할 수 있습니다.

중국인들은 식사 때는 물론이고 삼삼오오 모여 앉아 이야기를 나눌 때, 마작을 할 때, 경극 같은 공연을 볼 때도 늘 차를 마십니다. 중국 요리는 기름져서 소화가 어려운데, 차에는 지방의 소화를 돕는 성분이 있어 중국 요리와 찰떡궁합이라고 합니다. 또한 중국의 물은 석회질 함유량이 높아 반드시 끓여 마셔야 하는데 끓인 물에 찻잎을 넣으면 금상첨화가 됩니다. 이처럼 여러 요인들이 중국의 차 문화를 발달시켰다고 할 수 있습니다. 요즘에는 다이어트 열풍이 한창인 우리나라에서도 차가 각광받고 있습니다.

제4과

好久不见!
오랜만이야!

① 好久不见!
Hǎojiǔ bú jiàn!

② 你身体好吗?
Nǐ shēntǐ hǎo ma?

③ 你学习怎么样?
Nǐ xuéxí zěnmeyàng?

④ 你忙不忙?
Nǐ máng bu máng?

새로나온 단어

기본형

□□ 好久	hǎojiǔ	오랫동안
□□ 不	bù	閉 ~이 아니다(부정부사)
□□ 身体	shēntǐ	閉 신체, 건강
□□ 学习	xuéxí	閉閉 학습, 배우다
□□ 怎么样	zěnmeyàng	어떠한가
□□ 忙	máng	閉 바쁘다

확장형

□□ 去	qù	閉 가다
□□ 哪儿	nǎr	閉 어디
□□ 学校	xuéxiào	閉 학교
□□ 最近	zuìjìn	閉 최근
□□ 太	tài	閉 너무
□□ 呢	ne	閉 의문이나 감탄의 어기조사

단어플러스+

정도부사 – 주로 형용사 앞에 쓰여 정도가 어떠한지를 나타냅니다.

□ 很	hěn	매우, 몹시
□ 真	zhēn	진실로, 정말로
□ 太	tài	너무
□ 挺	tǐng	아주, 매우
□ 非常	fēicháng	대단히, 심히
□ 不太	bú tài	그다지, 별로

金京美 **好久不见!**[①]
Hǎojiǔ bú jiàn!

大卫 **好久不见!**
Hǎojiǔ bú jiàn!

金京美 **你身体好吗?**
Nǐ shēntǐ hǎo ma?

大卫 **很好。谢谢!**
Hěn hǎo. Xièxie!

① **好久不见!**은 '아주 오랫동안
못 보았다', 즉 '오랜만이다'라는
뜻의 인사말입니다.

李英爱 **你好! 你去哪儿?**
Nǐ hǎo! Nǐ qù nǎr?

大卫 **我去学校。**
Wǒ qù xuéxiào.

李英爱 **你学习怎么样①?**
Nǐ xuéxí zěnmeyàng?

大卫 **很好。**
Hěn hǎo.

李英爱 **你最近忙不忙?**
Nǐ zuìjìn máng bu máng?

大卫 **我不太②忙。你呢?**
Wǒ bú tài máng. Nǐ ne?

李英爱 **我也不太忙。**
Wǒ yě bú tài máng.

① 怎么样은 '어떠한가?'라는 뜻의 의문사입니다.

② 不太는 '그다지 ~하지 않다'라는 뜻입니다.

1 怎么样

'어떠한가?'라는 뜻으로, 상대방의 의사나 상태를 물을 때 씁니다.

ex
- 你学习怎么样? 공부는 어떠니?
  Nǐ xuéxí zěnmeyàng?

- 老师身体怎么样? 선생님 건강은 어떠세요?
  Lǎoshī shēntǐ zěnmeyàng?

- 你最近怎么样? 너 요즘 어때?
  Nǐ zuìjìn zěnmeyàng?

2 형용사의 부정

형용사 앞에 '~이 아니다'라는 뜻의 不를 붙이면 부정문이 됩니다.

ex
- 最近我不忙。 요즘 나는 바쁘지 않다.
  Zuìjìn wǒ bù máng.

- 他身体不好。 그는 몸이 안 좋다.
  Tā shēntǐ bù hǎo.

- 她不漂亮。 그녀는 예쁘지 않다.
  Tā bú piàoliang.

새로나온 단어

□□ 漂亮　　piàoliang　　 ^형 예쁘다, 아름답다

3 不太

不太는 '그다지 ~하지 않다'라는 뜻으로, 부정을 한층 완곡하게 나타내는 표현입니다. 뒤에는 주로 형용사가 붙습니다.

ex
- 京美不太忙。 경미는 그다지 바쁘지 않다.
  Jīngměi bú tài máng.

- 他学习不太好。 그는 공부를 잘 못한다.
  Tā xuéxí bú tài hǎo.

- 她不太漂亮。 그녀는 그다지 예쁘지 않다.
  Tā bú tài piàoliang.

4 어기조사 呢

呢는 '~는 요?'라는 뜻으로, 생략의문문을 만드는 데 사용된다. 즉, 앞에서 말한 내용에 대해 생략하여 질문할 때 쓰인다.

ex
- 我很忙，你呢? 나는 아주 바빠. 너는?
  Wǒ hěn máng, nǐ ne?

- 我学习汉语，你呢? 나는 중국어를 배워. 너는?
  Wǒ xuéxí Hànyǔ, nǐ ne?

- 我身体很好，你呢? 나는 건강해. 너는?
  Wǒ shēntǐ hěn hǎo, nǐ ne?

회화연습

1 다음 그림과 단어를 연결하고 단어와 병음을 연결하세요.

① 　　　　·　　　　· 学校 ·　　　　· shēntǐ

②　　　　　　　　·　　　　· 身体 ·　　　　· xuéxiào

③　　　　　　　　·　　　　· 学习 ·　　　　· xuéxí

2 녹음을 듣고 빈칸을 채워보세요. Track-27

金京美_____很好，_____也很好。她最近_____，英爱和
大卫_____很忙。他们_____很忙。

Jīn Jīngměi shēntǐ hěn hǎo, xuéxí yě hěn hǎo. Tā zuìjìn hěn
máng, Yīng'ài hé Dàwèi yě hěn máng. Tāmen dōu hěn máng.

3 다음 문장을 중국어로 말해보세요.

① 요즘 바쁘니?　　　　　　➡ _____?

② 요즘 별로 안 바빠. 너는?　　➡ _____?

③ 너 어디 가니?　　　　　　➡ _____?

1 다음 문장을 부정문으로 고쳐보세요.

① 大卫学习很好。

➡ _____。 (不)

➡ _____。 (不太)

② 英爱身体很好。

➡ _____。 (不)

➡ _____。 (不太)

2 다음 의문문을 呢를 이용한 의문문으로 고쳐보세요.

① 我很好。你好吗?

➡ _____?

② 我最近很忙，你也很忙吗?

➡ _____?

③ 我学习很好，英爱学习好吗?

➡ _____?

그러고
있으니까
꼭 문어 같아.

내 뼈다귀,
어때?

好久 hǎojiǔ 오랫동안	好久	好久	好久	好久
	好久	好久	好久	好久
身体 shēntǐ 신체, 건강	身体	身体	身体	身体
	身体	身体	身体	身体
学校 xuéxiào 학교	学校	学校	学校	学校
	学校	学校	学校	学校
学习 xuéxí 배우다	学习	学习	学习	学习
	学习	学习	学习	学习
怎么样 zěnmeyàng 어떠한가	怎么样	怎么样	怎么样	怎么样
	怎么样	怎么样	怎么样	怎么样
最近 zuìjìn 최근	最近	最近	最近	最近
	最近	最近	最近	最近

중국인들의 발, 자전거

중국에서는 자전거(自行车 zìxíngchē)보다 훌륭한 교통수단이 따로 없었습니다. 게다가 자전거는 자동차나 오토바이와 마찬가지로 관리국에 등록하여 번호판을 부착해야 합니다.

자전거가 중국에서 보편화 된 데에는 경제적인 이유가 컸습니다. 자동차보다 훨씬 싸며 장거리를 자전거로 달리면 시간 절약, 돈 절약이 가능했던 거지요. 지금은 과거의 얘기지만, 직업의 귀천이나 남녀노소를 막론하고 자전거는 중국인의 두 발을 대신해 왔습니다. 특히 온 가족을 자전거에 앉히고 나들이하는 모습은 진풍경이었습니다.

제5과

你叫什么名字?
넌 이름이 뭐니?

 기본문장 Track-28

① **你叫什么名字?**
Nǐ jiào shénme míngzi?

② **您贵姓?**
Nín guì xìng?

③ **你是哪国人?**
Nǐ shì nǎ guó rén?

④ **我是中国人。**
Wǒ shì Zhōngguórén

새로나온 단어

기본형

□□ 叫	jiào	동	부르다
□□ 什么	shénme	대	무엇
□□ 名字	míngzi	명	이름
□□ 贵	guì	형	비싸다, 귀하다
□□ 姓	xìng	명	성(씨) 동 성이 ~이다
□□ 是	shì	동	~이다
□□ 哪	nǎ	대	어느, 어떤
□□ 国	guó	명	나라
□□ 人	rén	명	사람
□□ 中国	Zhōngguó	고유	중국

확장형

□□ 认识	rènshi	동	알다
□□ 高兴	gāoxìng	형	기쁘다
□□ 北京	Běijīng	고유	베이징
□□ 上海	Shànghǎi	고유	상하이
□□ 李小龙	Lǐ Xiǎolóng	고유	이소룡

단어플러스+

나라				수도		
□ 韩国	Hánguó	대한민국		首尔	Shǒu'ěr	서울
□ 中国	Zhōngguó	중국		北京	Běijīng	베이징
□ 日本	Rìběn	일본		东京	Dōngjīng	도쿄
□ 美国	Měiguó	미국		华盛顿	Huáshèngdùn	워싱턴
□ 法国	Fǎguó	프랑스		巴黎	Bālí	파리
□ 德国	Déguó	독일		柏林	Bólín	베를린

회화 01

金京美 我叫金京美。你叫什么名字?[①]
Wǒ jiào Jīn Jīngměi.　Nǐ jiào shénme míngzi?

李小龙 我叫李小龙。
Wǒ jiào Lǐ Xiǎolóng.

金京美 认识你很高兴![②]
Rènshi nǐ hěn gāoxìng!

李小龙 认识你我也很高兴!
Rènshi nǐ wǒ yě hěn gāoxìng!

① 名字를 생략하고 你叫什么?
라고 해도 됩니다.

② 认识你는 전제된 조건이고 很
高兴은 그에 따른 결과가 되는 문
장 구조이며, '당신을 알게 되어
기쁘다', '만나서 반갑다'라는 관용
적인 표현입니다.

李英爱 **您贵姓^①?**
Nín guì xìng?

李小龙 **我姓李^②，我叫李小龙。**
Wǒ xìng Lǐ, wǒ jiào Lǐ Xiǎolóng.

李英爱 **你是哪国人?**
Nǐ shì nǎ guó rén?

李小龙 **我是中国人。**
Wǒ shì Zhōngguórén.

李英爱 **你是北京人吗?**
Nǐ shì Běijīngrén ma?

李小龙 **不是，我是上海人。**
Bú shì, wǒ shì Shànghǎirén.

① 본인 혹은 제3자의 경우에는 贵를 사용하지 않으며, 존대표현이 아닌 일반적인 표현은 **你姓什么?**입니다.

② 더 겸손한 표현으로 **免贵姓李** miǎn guì xìng Lǐ라고 말할 수 있습니다.

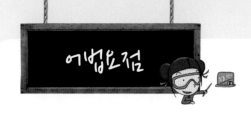

1 의문사 什么

'무엇'이라는 뜻의 의문사로, 단독으로 쓰이거나 명사 앞에 쓰여 사람이나 사물을 물을 때 사용합니다.

ex
- 你叫什么名字? 너는 이름이 뭐니?
  Nǐ jiào shénme míngzi?

- 你学什么? 너는 무엇을 배우니?
  Nǐ xué shénme?

- 老师忙什么? 선생님은 무슨 일로 바쁘세요?
  Lǎoshī máng shénme?

2 의문사 哪

뒤에 양사나 수량사를 써서 여러 사람이나 사물 가운데 특정 대상을 가리킵니다. 또한 哪는 그 자체가 의문사이기 때문에 의문을 나타내는 어기조사 吗를 쓰지 않습니다.

ex
- 你是哪国人? 너는 어느 나라 사람이니?
  Nǐ shì nǎ guó rén?

- 哪个桌子最小? 어느 책상이 가장 작니?
  Nǎ ge zhuōzi zuì xiǎo?

- 哪个学校最好? 어느 학교가 가장 좋니?
  Nǎ ge xuéxiào zuì hǎo?

새로나온 단어

□□ 个	gè	양 개, 명, 사람
□□ 桌子	zhuōzi	명 책상
□□ 最	zuì	부 가장, 제일
□□ 小	xiǎo	형 작다

3 동사 是

'~이(가) …이다'라는 뜻으로, 주어와 목적어가 동일한 관계임을 나타냅니다. 부정형은 부정부사 不를 앞에 붙이면 됩니다.

ex
- 我是中国人。 나는 중국인이다.
  Wǒ shì Zhōngguórén.

- 他是学生。 그는 학생이다.
  Tā shì xuésheng.

- 他不是学生。 그는 학생이 아니다.
  Tā bú shì xuésheng.

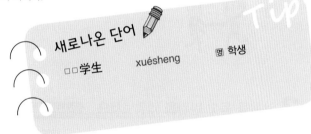

새로나온 단어

□□学生   xuésheng   ^명 학생

어법 중의 어법 의문문의 형식

의문문의 형식은 다양합니다. 어기조사를 활용해 서술문을 의문형으로 쉽게 바꿀 수도 있고, 긍정 · 부정형을 나란히 나열하거나 의문사(누가 / 언제 / 어디서 / 무엇을 / 어떻게 / 왜)를 활용하여 만들 수도 있습니다.

① 어기조사 吗?를 이용한 일반의문문
   你是韩国人吗? 당신은 한국인인가요?

② 어기조사 呢?를 이용한 생략의문문
   我学习汉语, 你呢? 나는 중국어를 배우는데, 당신은요?

③ 형용사나 동사의 '긍정 + 부정'을 이용한 정반의문문
   你忙不忙? 당신은 바쁜가요 아닌가요?

④ 누가(谁 shéi) / 언제(什么时候 shénme shíhou) / 어디(哪儿 nǎr)서 / 무엇(什么 shénme)을 / 어떻게(怎么 zěnme) / 왜(为什么 wèishénme) 등의 의문대사를 이용한 의문문
   他是谁? 그는 누구인가요?
   你是哪国人? 당신은 어느 나라 사람입니까?

⑤ 还是를 이용한 선택의문문
   你是韩国人还是中国人? 당신은 한국사람입니까 아니면 중국사람입니까?

⑥ 吧를 이용한 추측의문문
   你是韩国人吧? 당신은 한국사람이죠?

1 다음 그림에 해당하는 단어를 쓴 후 병음과 연결하세요.

① ＿＿＿＿＿＿ •   • rènshi

② ＿＿＿＿＿＿ •   • gāoxìng

③ ＿＿＿＿＿＿ •   • Hánguórén

2 녹음을 듣고 빈칸을 채워보세요. **Track-32**

我＿＿＿李小龙。她＿＿＿金京美。我＿＿＿中国人，她＿＿＿＿＿中国人，她是＿＿＿＿＿＿＿＿。我不是北京人，我是上海人。我＿＿＿她＿＿＿＿＿＿＿。

Wǒ jiào Lǐ Xiǎolóng. Tā jiào Jīn Jīngměi. Wǒ shì Zhōng-guórén, tā bú shì Zhōngguórén, tā shì Hánguórén. Wǒ bú shì Běi-jīngrén, wǒ shì Shànghǎirén. Wǒ rènshi tā hěn gāoxìng.

3 다음 문장을 중국어로 말해보세요.

① 너는 이름이 뭐니? ➡ ＿＿＿＿＿＿＿＿＿＿＿＿?

② 만나서 정말 반가워! ➡ ＿＿＿＿＿＿＿＿＿＿＿＿!

③ 너는 한국인이니? ➡ ＿＿＿＿＿＿＿＿＿＿＿＿?

1 다음 문장을 부정문으로 고쳐보세요.

① 我是上海人

➡ _____。 (不)

② 我是中国人

➡ _____。 (不)

2 지금까지 배운 의문사를 사용해 다음 문장에 대한 질문을 만들어보세요.

① 我是韩国人。

➡ _____?

② 我叫李英爱。

➡ _____?

③ 我去学校。

➡ _____?

이것이 무엇이냐?
중국의 전통의상
치파오라는 말씀.

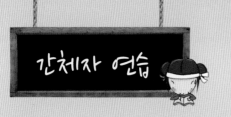

| 什么 shénme 무엇 | 什么 | 什么 | 什么 | 什么 |
| | 什么 | 什么 | 什么 | 什么 |

| 名字 míngzi 이름 | 名字 | 名字 | 名字 | 名字 |
| | 名字 | 名字 | 名字 | 名字 |

| 认识 rènshi 알다 | 认识 | 认识 | 认识 | 认识 |
| | 认识 | 认识 | 认识 | 认识 |

| 高兴 gāoxìng 기쁘다 | 高兴 | 高兴 | 高兴 | 高兴 |
| | 高兴 | 高兴 | 高兴 | 高兴 |

| 中国 Zhōngguó 중국 | 中国 | 中国 | 中国 | 中国 |
| | 中国 | 中国 | 中国 | 中国 |

| 北京 Běijīng 베이징 | 北京 | 北京 | 北京 | 北京 |
| | 北京 | 北京 | 北京 | 北京 |

© 신화통신

중국의 8대 요리

  중국은 명실공히 식도락의 천국입니다. '백성은 먹는 것을 하늘로 섬긴다(民以食为天)' 라는 말이 있을 정도로 중국인은 먹는 것을 매우 중요하게 생각합니다. 또 '책상 다리와 비행기 빼고는 다 먹는다'고 할 만큼 중국 음식은 식재료와 맛, 모양이 다양합니다.

  그중에서도 특히 유명한 여덟 지방의 음식을 '8대요리(八大名菜 bādàmíngcài)'라고 부르는데 산둥(鲁菜 lǔcài), 지앙쑤(苏菜 sūcài), 저지앙(浙菜 zhécài), 쓰촨(川菜 chuāncài), 안훼이(徽菜 huīcài), 광둥(粤菜 yuècài), 후난(湘菜 xiāngcài), 푸지엔(闽菜 mǐncài) 지방의 요리를 말합니다. 각 지역의 음식은 각기 다른 특색의 뛰어난 맛을 자랑합니다. 예를 들어 산둥 요리는 파와 마늘을 많이 사용하고, 쓰촨 요리는 매운 맛, 지앙쑤 요리는 담백한 맛, 광둥 요리는 재료의 신선한 맛을 그 특징으로 합니다.

제6과

我来介绍一下。

내가 소개할게.

기본문장 Track-33

① 她是谁?
Tā shì shéi?

② 这是我妹妹。
Zhè shì wǒ mèimei.

③ 你有没有哥哥?
Nǐ yǒu méiyǒu gēge?

④ 我来介绍一下。
Wǒ lái jièshào yíxià.

누구냐,
너는?

새로나온 단어

기본형

□□ 她	tā	때	그녀
□□ 谁	shéi	때	누구
□□ 这	zhè	때	이(것)
□□ 妹妹	mèimei	명	누이동생
□□ 有	yǒu	동	있다
□□ 没有	méiyǒu	동	없다
□□ 哥哥	gēge	명	오빠, 형
□□ 来	lái	동	오다
		조	동사 앞에 놓여 어떤 일을 하려고 하는 적극성이나, 상대방에게 어떤 행동을 하게 하는 어감을 나타냄
□□ 介绍	jièshào	동	소개하다
□□ 一下(儿)	yíxià(r)	수량	한 번, 좀 ~해보다

확장형

□□ 只	zhǐ	부	단지, 오직
□□ 一	yī	수	1, 일, 하나
□□ 个	gè	양	개, 명, 사람
□□ 的	de	조	~의
□□ 朋友	péngyou	명	친구
□□ 汉语	Hànyǔ	명	중국어
□□ 哪里	nǎli		(칭찬에 대한 겸손한 대답) 천만에요, 별말씀을 어디

단어플러스+

양사 – 사람이나 사물을 세는 단위를 나타내는 품사입니다.

□ 本	běn	(책) 권
□ 条	tiáo	(바지, 사람의 다리, 생선 등과 같이) 가늘고 긴 것, 가는 느낌이 나는 유형 또는 무형의 것
□ 件	jiàn	(일, 사건, 옷과 같은 개체를 셀 때) 건, 가지, 장
□ 块	kuài	(비누나 빵과 같은 덩어리를 셀 때) 덩어리, 조각
□ 张	zhāng	(종이) 장

李小龙 **她是谁^①?**
Tā shì shéi?

金京美 **她是我妹妹。**
Tā shì wǒ mèimei.

李小龙 **你有没有^②哥哥?**
Nǐ yǒu méiyǒu gēge?

金京美 **我没有哥哥。我只有一个^③妹妹。**
Wǒ méiyǒu gēge.   Wǒ zhǐ yǒu yí ge mèimei.

① 谁는 '누구'라는 뜻의 의문대
사입니다.

② 有를 부정할 때는 不가 아닌
没를 씁니다.

③ 一个는 수사와 양사의 결합으
로 '한 개의, 하나의'라는 뜻입니다.

회화 02

金京美　**我来介绍一下**[①]，
Wǒ lái jièshào yíxià,

这是我的中国朋友李小龙。
zhè shì wǒ de　Zhōngguó péngyou Lǐ Xiǎolóng.

这是我妹妹。
Zhè shì wǒ mèimei.

李小龙　**你好。认识你很高兴。**
Nǐ hǎo.　Rènshi nǐ hěn gāoxìng.

妹妹　**认识你，我也很高兴。**
Rènshi nǐ,　wǒ yě hěn gāoxìng.

李小龙　**你的汉语很好。**
Nǐ de Hànyǔ hěn hǎo.

妹妹　**哪里哪里**[②]**。**
Nǎli　nǎli.

① 一下는 동사 뒤에 쓰여 '잠시 ~하다(동작의 진행 시간이 짧음)', 혹은 '어떤 동작을 가볍게 한 번 해보다'라는 의미로 쓰입니다.

② 원래 哪里는 의문대사로 '어디'라는 뜻입니다. 상대의 칭찬이나 평가에 대한 겸양의 대답으로 '뭘요'라는 뜻으로 쓰이기도 합니다.

어법요점

1 의문사 谁

'누구'라는 뜻의 의문사로, 대상이 누구인지 물을 때 사용합니다.

ex
- 她是谁? 그녀는 누구니?
  Tā shì shéi?

- 谁是你的朋友? 누가 네 친구니?
  Shéi shì nǐ de péngyou?

- 谁是韩国人? 누가 한국사람이니?
  Shéi shì Hánguórén?

2 동사 有

'지니다, 있다'라는 뜻으로, 부정형은 不를 쓰지 않고 没를 써서 没有라고 합니다.
'~ 있습니까?'라고 물을 때는 吗를 써서 有…吗?라고 할 수도 있지만 有와 没有
를 나열해서도 의문문을 만들 수 있습니다. 이것을 '정반의문문'이라고 합니다.

ex
- 我有哥哥。 나는 오빠가 있다.
  Wǒ yǒu gēge.

- 我没有朋友。 나는 친구가 없다.
  Wǒ méiyǒu péngyou.

- 你有中文书吗? ＝ 你有没有中文书? 너는 중국어 책 있니?
  Nǐ yǒu Zhōngwén shū ma? Nǐ yǒu méiyǒu Zhōngwén shū?

새로나온 단어

□□ 中文　　Zhōngwén　　몡 중국어

□□ 书　　shū　　몡 책

3 양사 个

보편적으로 사용되는 양사로 사람의 수나 사물의 개수를 나타냅니다.

ex
- 我只有一个妹妹。 나는 여동생 하나뿐이야.
  Wǒ zhǐ yǒu yí ge mèimei.

- 他有三个中国朋友。 그에겐 중국 친구가 세 명 있다.
  Tā yǒu sān ge Zhōngguó péngyou.

- 我有一个面包。 나에게 빵이 하나 있어요.
  Wǒ yǒu yí ge miànbāo.

4 수량사 一下

원래는 수량사로 '한 번'이라는 뜻의 횟수를 나타내는 표현이지만, 동사 뒤에 붙으면 '좀 ~해보다'라는 표현이 됩니다.

ex
- 我来介绍一下。 내가 소개할게.
  Wǒ lái jièshào yíxià.

- 我问一下。 말 좀 물을게요.
  Wǒ wèn yíxià.

- 我看一下。 한 번 보자.
  Wǒ kàn yíxià.

새로나온 단어

□□面包	miànbāo	명 빵
□□问	wèn	동 묻다
□□看	kàn	동 보다

회화연습

1 다음 그림에 해당하는 단어를 쓴 후 병음과 연결하세요.

① ＿＿＿＿＿＿ • • péngyou

② ＿＿＿＿＿＿ • • méiyǒu

③ ＿＿＿＿＿＿ • • yǒu

2 녹음을 듣고 빈칸을 채워보세요. Track-37

我来介绍＿＿＿＿＿＿，这是我＿＿＿＿中国朋友李小龙。＿＿＿＿＿＿我妹妹。我＿＿＿＿＿＿哥哥。我只有＿＿＿＿＿＿妹妹。我妹妹的汉语很好。

Wǒ lái jièshào yíxià, zhè shì wǒ de Zhōngguó péngyou Lǐ Xiǎolóng. Zhè shì wǒ mèimei. Wǒ méiyǒu gēge. Wǒ zhǐ yǒu yí ge mèimei. Wǒ mèimei de Hànyǔ hěn hǎo.

3 다음 문장을 중국어로 말해보세요.

① 내가 소개할게. ➡ ＿＿＿＿＿＿＿＿＿＿＿＿＿＿＿＿。

② 너 중국어 참 잘하는구나. ➡ ＿＿＿＿＿＿＿＿＿＿＿＿＿＿＿＿。

③ 나는 여동생이 딱 한 명 있어. ➡ ＿＿＿＿＿＿＿＿＿＿＿＿＿＿＿＿。

1 谁를 이용해 다음 문장에 대한 질문을 만들어보세요.

① 她是我妹妹。

➡ _____?

② 我是金京美。

➡ _____?

2 다음 문장을 정반의문문으로 고쳐보세요.

① 你有妹妹吗?

➡ _____?

② 你有哥哥吗?

➡ _____?

③ 你有书吗?

➡ _____?

认识你，
很高兴。

남자친구 있나요?

꿈이 아니길…
제발 꿈이 아니길…

谁 shéi 누구	谁	谁	谁	谁
	谁	谁	谁	谁
没有 méiyǒu 없다	没有	没有	没有	没有
	没有	没有	没有	没有
介绍 jièshào 소개하다	介绍	介绍	介绍	介绍
	介绍	介绍	介绍	介绍
朋友 péngyou 친구	朋友	朋友	朋友	朋友
	朋友	朋友	朋友	朋友
汉语 Hànyǔ 중국어	汉语	汉语	汉语	汉语
	汉语	汉语	汉语	汉语
哪里 nǎli 천만에요	哪里	哪里	哪里	哪里
	哪里	哪里	哪里	哪里

© 신화통신

길거리에서 즐기는 군것질

   음식의 왕국인 중국에는 군것질거리(小吃 xiǎochī)도 아주 많습니다. 베이징의 유명한 먹자골목이 있는 왕푸징(王府井 Wángfǔjǐng)에 가면 다양한 먹을거리를 한눈에 구경할 수 있답니다.

   중국인이 가장 즐겨 먹는 군것질거리는 해바라기씨(瓜子儿 guāzǐr)인데 기차를 타고 먼 거리를 이동할 때는 해바라기씨가 필수입니다. 해바라기씨를 옆으로 세워 이로 가볍게 물면 껍질이 '딱' 소리를 내며 갈라지고 알맹이가 쏙 빠지면서 고소한 맛이 입안에 가득 퍼진답니다. 설탕물을 입힌 과일 꼬치 탕후루(糖葫芦 tánghúlu), 양고기 꼬치 양러우촬(羊肉串儿 yángròuchuànr)도 빼놓을 수 없습니다. 아침 식사 대용으로는 꽈배기 튀김 여우티아우(油条 yóutiáo), 콩으로 만든 음료 떠우지앙(豆浆 dòujiāng), 고기 만두 빠오즈(包子 bāozi), 중국식 밀전병 라오삥(烙饼 làobǐng) 등이 유명합니다. 군것질이라고는 하나 한입씩만 맛보아도 금세 배를 채울 수 있으니 식사 대용으로도 손색이 없답니다.

맛있당해!!

你今年多大?

올해 몇 살이니?

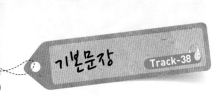

기본문장 　　Track-38

① **你今年多大?**
　 Nǐ jīnnián duō dà?

② **你多大年纪了?**
　 Nǐ duō dà niánjì le?

③ **我二十岁。**
　 Wǒ èrshí suì.

④ **你比我大一岁!**
　 Nǐ bǐ wǒ dà yí suì!

새로나온 단어

기본형

□□ 今年	jīnnián	명 올해
□□ 多	duō	부 얼마나
□□ 大	dà	형 크다
□□ 年纪	niánjì	명 연령, 나이, 연세
□□ 了	le	조 변화를 나타내는 표현
□□ 二	èr	수 2, 이, 둘
□□ 十	shí	수 10, 십, 열
□□ 岁	suì	명 나이, ~살
□□ 比	bǐ	전동 ~보다, 비교하다

확장형

□□ 大学生	dàxuéshēng	명 대학생
□□ 请问	qǐng wèn	말씀 좀 묻겠습니다
□□ 三	sān	수 3, 삼, 셋
□□ 属	shǔ	동 ~띠이다
□□ 狗	gǒu	명 개
□□ 清华大学	Qīnghuádàxué	고유 칭화대학
□□ 年级	niánjí	명 학년
□□ 学生	xuésheng	명 학생
□□ 专业	zhuānyè	명 전공
□□ 中文	Zhōngwén	명 중국어
□□ 学	xué	동 배우다
□□ 有意思	yǒu yìsi	형 재미있다

단어플러스+

띠

□鼠	shǔ	쥐		□牛	niú	소
□虎	hǔ	호랑이		□兔	tù	토끼
□龙	lóng	용		□蛇	shé	뱀
□马	mǎ	말		□羊	yáng	양
□猴	hóu	원숭이		□鸡	jī	닭
□狗	gǒu	개		□猪	zhū	돼지

회화 01

Track-40

大卫　**你今年多大^①?**
Nǐ jīnnián duō dà?

李小龙　**我二十二岁。**
Wǒ èrshí'èr suì.

大卫　**你是大学生吗?**
Nǐ shì dàxuéshēng ma?

李小龙　**是，我是大学生。**
Shì, wǒ shì dàxuéshēng.

① 大는 원래 '크다'라는 뜻인데, 多와 함께 쓰이면 '나이가 얼마나 됩니까?'라는 의문의 표현이 됩니다.

李小龙 **请问，你多大年纪了**①**?**
Qǐng wèn, nǐ duō dà niánjì le?

李英爱 **我二十三岁，属狗。**
Wǒ èrshísān suì, shǔ gǒu.

李小龙 **你比我大一岁**②**! 你是大学生吗?**
Nǐ bǐ wǒ dà yí suì! Nǐ shì dàxuéshēng ma?

李英爱 **我是清华大学三年级的学生。**
Wǒ shì Qīnghuádàxué sān niánjí de xuésheng.

李小龙 **你的专业是什么?**
Nǐ de zhuānyè shì shénme?

李英爱 **中文**③**。学中文很有意思。**
Zhōngwén. Xué Zhōngwén hěn yǒu yìsi.

① 了는 상태의 변화를 나타내는 어기조사로 '～이 되다'라는 뜻입니다.

② 한 살이 더 적은 경우에는 你比我小一岁。 Nǐ bǐ wǒ xiǎo yí suì.라고 말하며, 동갑이라면 我们是同岁。Wǒmen shì tóngsuì.라고 말합니다. '만 ～세'라는 표현은 …周岁 …zhōusuì라고 합니다.

③ 중문과는 中文系 Zhōngwénxì 라고 합니다.

어법요점

1 부사 多

'얼마나'라는 뜻으로, 뒤에 大를 붙이면 '(나이가) 얼마인가?'라는 뜻의 의문을 나타내는 표현이 됩니다. 多는 10보다 많은 수를 셀 때 쓰이고, 10보다 작은 수를 셀 때는 几를 사용합니다.

ex
- 你今年多大? 너는 올해 몇 살이니?
  Nǐ jīnnián duō dà?

- 请问，你多大年纪了? 말씀 좀 물을게요. 올해 연세가 몇이세요?
  Qǐng wèn, nǐ duō dà niánjì le?

- 你哥哥今年多大? 네 오빠는 올해 몇 살이니?
  Nǐ gēge jīnnián duō dà?

2 전치사 比

비교를 나타내는 표현입니다. 'A + 比 + B + 형용사'의 형태로 쓰이면 'A가 B보다 ~(형용사)하다'라는 표현이 됩니다.

ex
- 你比我大一岁! 당신은 저보다 한 살 많군요!
  Nǐ bǐ wǒ dà yí suì!

- 我比她漂亮。 나는 그녀보다 예쁘다.
  Wǒ bǐ tā piàoliang.

- 他比我聪明。 그는 나보다 똑똑하다.
  Tā bǐ wǒ cōngming.

새로나온 단어

□□ 几　　jǐ　　⑮ 몇

□□ 聪明　　cōngming　　⑱ 똑똑하다, 영리하다

3 구조조사 的

명사가 다른 명사를 수식하거나 소속, 소유를 나타낼 때는 구조조사 的를 씁니다.

ex
- 我是清华大学三年级的学生。 나는 칭화대학 3학년 학생이다.
  Wǒ shì Qīnghuádàxué sān niánjí de xuésheng.

- 她是我的好朋友。 그녀는 나의 좋은 친구이다.
  Tā shì wǒ de hǎo péngyou.

- 这是我的书。 이것은 나의 책이다.
  Zhè shì wǒ de shū.

어법 중의 어법 어기조사 了

어기조사 了는 상태의 변화와 새로운 사실의 발생을 나타낼 때 씁니다.

① 상태의 변화

今年她十八岁了。 올해 그녀는 18세가 되었다.(작년에는 17세였다)

② 새로운 사실의 발생

来北京以后，我学习中文了。
베이징에 온 이후, 나는 중국어를 배우게 되었다.(전에는 배우지 않았다)

③ 부정
어기조사 了가 발생과 완료를 말할 때 부정형은 没有이며, 不…了는 '이제는 그렇지 않다'는 뜻입니다.

她来了吗? → 她没有来。 그녀는 오지 않았어요.
她来了吗? → 她不来了。 그녀는 오지 않아요.(오려고 했는데)

□□ 来　　lái　　통 오다

□□ 以后　yǐhòu　명 이후

회화연습

1 다음 그림에 해당하는 단어를 쓴 후 병음과 연결하세요.

① _____ •   • xuésheng

② _____ •   • gǒu

③ _____ •   • yǒu yìsi

2 녹음을 듣고 빈칸을 채워보세요. Track-42

我今年二十二_____。我是_____。李英爱今年二十三岁，_____
_____。她_____我大一岁。她是清华大学三年级的_____。她的专业
是_____。

Wǒ jīnnián èrshí'èr suì. Wǒ shì dàxuéshēng. Lǐ Yīng'ài jīnnián
èrshísān suì, shǔ gǒu. Tā bǐ wǒ dà yí suì. Tā shì Qīnghuádàxué
sān niánjí de xuésheng. Tā de zhuānyè shì Zhōngwén.

3 다음 문장을 중국어로 말해보세요.

① 대학생이세요?   ➡ _____?

② 저기요, 올해 몇 살이에요?   ➡ _____?

③ 중국어 공부는 참 재미있어요.   ➡ _____。

어법연습

1 다음 문장을 비교문으로 고쳐보세요.

① 小龙今年二十二岁。李英爱今年二十三岁。

➡ _____ 。

② 我今年十八岁。他今年二十四岁。

➡ _____ 。

2 다음 제시어들을 올바른 순서대로 연결하여 문장을 완성하세요.

① 专业　你　的　什么　是

➡ _____ ?

② 学生　清华大学　我　三年级　的　是

➡ _____ 。

③ 他　今年　的　妹妹　二十岁

➡ _____ 。

다른 것보다 비싼 거울이라더니…
너무 정직하게 보이는 군~!

今年 jīnnián 올해	今年	今年	今年	今年
	今年	今年	今年	今年

岁 suì 나이, ~살	岁	岁	岁	岁
	岁	岁	岁	岁

请问 qǐng wèn 말씀 좀 물을게요	请问	请问	请问	请问
	请问	请问	请问	请问

属狗 shǔ gǒu 개띠	属狗	属狗	属狗	属狗
	属狗	属狗	属狗	属狗

专业 zhuānyè 전공	专业	专业	专业	专业
	专业	专业	专业	专业

年级 niánjí 학년	年级	年级	年级	年级
	年级	年级	年级	年级

전통예술의 꽃, 경극

　중국 전통예술의 꽃이라고 할 수 있는 경극(京剧 jīngjù)은 14세기부터 널리 성행하였고 노래와 춤, 연기가 한데 어우러진 종합예술이라고 할 수 있습니다. 특히 화려한 분장과 동작, 곱고 아름다운 선율로 많은 사람들의 사랑을 받아왔답니다.

　메이란팡(梅兰芳 Méi Lánfāng)이라는 배우는 중국 경극 배우 중 단연 으뜸으로 꼽힙니다. 보통 경극에 등장하는 여자 역은 남자 배우가 연기하는데, 메이란팡의 여자 역 연기는 특히 뛰어났다고 합니다.

　영화 〈패왕별희(覇王別姬)〉를 통해 더욱 널리 알려진 경극은 《삼국지》나 《서유기》 같은 우리가 익히 알고 있는 중국의 고전을 소재로 삼는 경우가 많기 때문에 가사나 대사를 완벽히 알아 듣지 못해도 쉽게 즐길 수 있답니다.

제8과

你喜欢什么运动?
넌 어떤 운동을 좋아하니?

기본문장 Track-43

① 你喜欢什么运动?
　Nǐ xǐhuan shénme yùndòng?

② 我喜欢踢足球。
　Wǒ xǐhuan tī zúqiú.

③ 我会踢足球。
　Wǒ huì tī zúqiú.

④ 周末跟我一起踢足球吧!
　Zhōumò gēn wǒ yìqǐ tī zúqiú ba!

새로나온 단어

Track-44

기본형

□□ 喜欢	xǐhuan	통	좋아하다
□□ 运动	yùndòng	명통	운동(하다)
□□ 踢	tī	통	차다
□□ 足球	zúqiú	명	축구
□□ 会	huì	조동	(배워서) ~할 수 있다
□□ 周末	zhōumò	명	주말
□□ 跟	gēn	전	~와(과)
□□ 一起	yìqǐ	부	같이, 함께
□□ 吧	ba	조	청유, 제안을 나타내는 어기조사

확장형

□□ 看	kàn	통	보다
□□ 书	shū	명	책
□□ 听	tīng	통	듣다
□□ 音乐	yīnyuè	명	음악
□□ 说	shuō	통	말하다
□□ 英语	Yīngyǔ	명	영어
□□ 那么	nàme	접	그렇다면(전환)
□□ 那	nà	대	저것, 그것
		접	그렇다면

단어플러스+

운동

□ 足球	zúqiú	축구		□ 篮球	lánqiú	농구
□ 棒球	bàngqiú	야구		□ 排球	páiqiú	배구
□ 网球	wǎngqiú	테니스		□ 游泳	yóuyǒng	수영
□ 乒乓球	pīngpāngqiú	탁구		□ 高尔夫球	gāo'ěrfūqiú	골프

金京美 **我喜欢^①看书，你呢?**
Wǒ xǐhuan kàn shū, nǐ ne?

李小龙 **我喜欢听音乐。**
Wǒ xǐhuan tīng yīnyuè.

金京美 **你会^②说英语吗?**
Nǐ huì shuō Yīngyǔ ma?

李小龙 **我会说英语。**
Wǒ huì shuō Yīngyǔ.

① 喜欢은 명사나 동사구를 목적어로 수반할 수 있습니다.

② 会는 '~을 할 수 있다'라는 뜻의 조동사로, 동사 앞에 쓰입니다.

회화 02

李小龙　你喜欢什么运动?
　　　　Nǐ xǐhuan shénme yùndòng?

大卫　　我喜欢足球。
　　　　Wǒ xǐhuan zúqiú.

李小龙　你会踢足球①吗?
　　　　Nǐ huì tī zúqiú ma?

大卫　　我会踢足球。
　　　　Wǒ huì tī zúqiú.

李小龙　那么，周末跟我一起踢足球吧!
　　　　Nàme, zhōumò gēn wǒ yìqǐ tī zúqiú ba!

大卫　　那太好了②!
　　　　Nà tài hǎo le!

① '축구를 하다'라는 표현은 '발로 차다'라는 뜻의 동사 踢를 사용합니다. 반면 '농구를 하다', '테니스를 치다'등 손으로 하는 운동은 打篮球나 打网球처럼 '치다, 때리다'라는 뜻의 동사 打를 사용합니다.

② '너무, 매우'라는 뜻의 太는 '太 + 형용사 + 了'의 형식으로 쓰입니다.

1 동사 喜欢

'좋아하다'라는 뜻으로, 뒤에 따라붙는 명사나 동사구를 포함하여 '~하기를 좋아하다' 혹은 '~을 좋아하다'라고 해석합니다.

ex
- 我喜欢看书。 나는 책 읽는 것을 좋아한다.
  Wǒ xǐhuan kàn shū.

- 她喜欢听音乐。 그녀는 음악 듣는 것을 좋아한다.
  Tā xǐhuan tīng yīnyuè.

- 他喜欢足球。 그는 축구를 좋아한다.
  Tā xǐhuan zúqiú.

2 조동사 会

'~을 할 줄 알다'라는 뜻의 조동사로, 학습을 통해 익힌 능력을 표현할 때 씁니다.

ex
- 我会踢足球。 나는 축구를 할 줄 안다.
  Wǒ huì tī zúqiú.

- 他会说英语。 그는 영어를 할 줄 안다.
  Tā huì shuō Yīngyǔ.

- 他会写汉字。 그는 한자를 쓸 줄 안다.
  Tā huì xiě Hànzì.

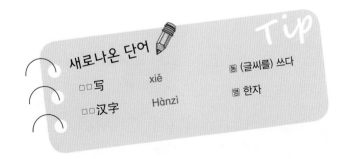

새로나온 단어

□□ 写　　　xiě　　　동 (글씨를) 쓰다

□□ 汉字　　Hànzì　　명 한자

3 跟⋯⋯一起

'~와 함께'라는 뜻의 관용어구입니다. 跟 뒤에는 인칭대사 또는 호칭이 따라 붙습니다.

ex
- 周末跟我一起踢足球吧! 주말에 나와 함께 축구 하자!
  Zhōumò gēn wǒ yìqǐ tī zúqiú ba!

- 我跟他一起听音乐。 나는 그와 함께 음악을 듣는다.
  Wǒ gēn tā yìqǐ tīng yīnyuè.

- 她跟我一起学汉语。 그녀는 나와 함께 중국어를 배운다.
  Tā gēn wǒ yìqǐ xué Hànyǔ.

4 어기조사 吧

문장의 맨 끝에 써서 청유나 제안의 어기를 나타내는 조사로, '~하자'라는 뜻입니다.

ex
- 周末跟我一起看电影吧! 주말에 나와 함께 영화 보자!
  Zhōumò gēn wǒ yìqǐ kàn diànyǐng ba!

- 我们写汉字吧! 우리 한자 쓰자!
  Wǒmen xiě Hànzì ba!

- 我们说英语吧! 우리 영어로 말하자!
  Wǒmen shuō Yīngyǔ ba!

새로나온 단어 `Tip`

□□电影　diànyǐng　몡 영화

회화연습

1 다음 그림을 보고 빈칸을 채우세요.

①  踢＿＿＿＿＿＿＿＿

②  听＿＿＿＿＿＿＿＿

③  看＿＿＿＿＿＿＿＿

2 녹음을 듣고 빈칸을 채워보세요. **Track-47**

我＿＿＿＿＿看书。小龙喜欢＿＿＿＿＿音乐。大卫喜欢足球，也＿＿＿＿踢足球。周末小龙＿＿＿＿＿大卫＿＿＿＿＿＿足球。周末我＿＿＿＿＿＿英语。

Wǒ xǐhuan kàn shū. Xiǎolóng xǐhuan tīng yīnyuè. Dàwèi xǐhuan zúqiú, yě huì tī zúqiú. Zhōumò Xiǎolóng gēn Dàwèi yìqǐ tī zúqiú. Zhōumò wǒ xuéxí Yīngyǔ.

3 다음 문장을 중국어로 말해보세요.

① 너 영어 할 줄 아니? ➡ ＿＿＿＿＿＿＿＿＿＿＿＿＿＿＿＿＿＿？

② 너는 어떤 운동을 좋아해? ➡ ＿＿＿＿＿＿＿＿＿＿＿＿＿＿＿＿？

③ 그거 좋지! ➡ ＿＿＿＿＿＿＿＿＿＿＿＿＿＿＿＿＿！

1 喜欢을 사용해 다음 문장을 만들어 보세요.

① 他　　　看书

➡ _____ 。

② 我　　　听音乐

➡ _____ 。

③ 他　　　学英语

➡ _____ 。

2 다음 문장을 '~을 할 수 있다'라는 뜻으로 고쳐보세요.

① 我踢足球。

➡ _____ 。

② 他说英语。

➡ _____ 。

③ 他写汉字。

➡ _____ 。

대~한민국!

喜欢 xǐhuan 좋아하다	喜欢	喜欢	喜欢	喜欢
	喜欢	喜欢	喜欢	喜欢
运动 yùndòng 운동	运动	运动	运动	运动
	运动	运动	运动	运动
一起 yìqǐ 같이, 함께	一起	一起	一起	一起
	一起	一起	一起	一起
会 huì ~할 수 있다	会	会	会	会
	会	会	会	会
说 shuō 말하다	说	说	说	说
	说	说	说	说
听 tīng 듣다	听	听	听	听
	听	听	听	听

아슬아슬한 묘기, 서커스

중국의 서커스(杂技 zájì)는 세계적으로도 유명합니다. 접시 돌리기, 공중제비는 물론이고 공작춤이나 변검(变脸 biànliǎn)과 같은 중국 특색을 갖춘 기예도 감상할 수 있는데, 특히 상하이의 서커스가 최고로 꼽힙니다. 중국의 서커스 배우들은 관중에게 훌륭한 기예를 선사하기 위해 보통 3살 때부터 훈련을 받는다고 합니다.

서커스 중 가장 사랑을 받는 종목은 관객과 함께 호흡할 수 있는 마술과 그 비결을 알아내기 힘든 변검입니다. 특히 변검은 순식간에 얼굴의 색과 표정이 바뀌어 관객의 시선을 사로잡습니다. 그 밖에 두 손과 두 발 그리고 이마에 수십 개의 유리잔을 올려놓는 아슬아슬한 묘기들도 관객들의 감탄을 자아내기에 충분합니다.

'백문이 불여일견(百聞而不如一見)'이라죠? 중국의 서커스를 직접 본다면 아마도 벌어진 입을 다물지 못할 겁니다!

今天几月几号?

오늘은 몇 월 며칠이니?

기본문장 Track-48

① 今天几月几号?
Jīntiān jǐ yuè jǐ hào?

② 今天一月一号。
Jīntiān yī yuè yī hào.

③ 今天星期几?
Jīntiān xīngqī jǐ?

④ 今天星期一。
Jīntiān xīngqī yī.

벌써…
며…칠…
짜냐고…

새로나온 단어

기본형

□□ 今天	jīntiān	몡	오늘
□□ 几	jǐ	주	몇
□□ 月	yuè	몡	월
□□ 号	hào	몡	일
□□ 星期	xīngqī	몡	요일

확장형

□□ 八	bā	주	8, 팔, 여덟
□□ 五	wǔ	주	5, 오, 다섯
□□ 后天	hòutiān	몡	모레
□□ 生日	shēngrì	몡	생일
□□ 祝	zhù	동	축하하다
□□ 快乐	kuàilè	형	기쁘다
□□ 打算	dǎsuan	동	~하려고 하다
□□ 举行	jǔxíng	동	열다, 거행하다
□□ 派对	pàiduì	몡	파티
□□ 请	qǐng		(상대방에게 어떤 일을 부탁하거나 권할 때 쓰는 경어) ~하세요
□□ 参加	cānjiā	동	참가하다
□□ 一定	yídìng	부	반드시, 꼭

단어플러스+

요일

□ 星期一	xīngqīyī	월요일
□ 星期二	xīngqī'èr	화요일
□ 星期三	xīngqīsān	수요일
□ 星期四	xīngqīsì	목요일
□ 星期五	xīngqīwǔ	금요일
□ 星期六	xīngqīliù	토요일
□ 星期天(日)	xīngqītiān(rì)	일요일

金京美　**今天几^①月几号^②?**
Jīntiān jǐ yuè jǐ hào?

李英爱　**今天八月十二号。**
Jīntiān bā yuè shí'èr hào.

金京美　**今天星期几?**
Jīntiān xīngqī jǐ?

李英爱　**今天星期^③二。**
Jīntiān xīngqī'èr.

① 几는 일반적으로 10 이하의 숫자를 물을 때 쓰는데, 날짜를 물을 때는 수의 크기에 상관없이 관용적으로 씁니다. 하지만 전화번호 등을 물을 때에는 几대신 多少를 쓰는 점에 주의해야 합니다.

② 구어에서는 号를 많이 쓰고 서면어에서는 日를 많이 씁니다.

③ 요일을 나타내는 단어에는 星期 외에 周와 礼拜가 있습니다. 월요일부터 토요일까지는 礼拜一…周六처럼 표현하며 일요일은 礼拜日, 礼拜天, 周日로 표현합니다.

회화 02

金京美 **明天几月几号?**
Míngtiān jǐ yuè jǐ hào?

大卫 **明天五月三号。**
Míngtiān wǔ yuè sān hào.

金京美 **后天是我的生日。**
Hòutiān shì wǒ de shēngrì.

大卫 **是吗? 祝你生日快乐!**
Shì ma? Zhù nǐ shēngrì kuàilè!

金京美 **谢谢! 后天我打算举行生日派对**[①]**,**
Xièxie! Hòutiān wǒ dǎsuan jǔxíng shēngrì pàiduì,

请你来参加。
qǐng nǐ lái cānjiā.

大卫 **好的**[②]**, 我一定参加。**
Hǎo de, wǒ yídìng cānjiā.

① 派对는 영어 party의 음역입니
다. 보다 격식 있는 표현으로 晚会
wǎnhuì를 쓸 수도 있습니다.

② 여기서 的는 확신과 긍정을 뜻
합니다.

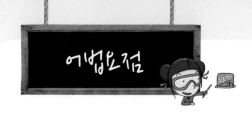

1　打算

원래는 '계산하다'라는 뜻도 있지만, 뒤에 동사가 붙으면 '~할 계획이다, ~할 작정이다'라는 뜻으로도 쓰입니다.

ex
- 我打算举行生日派对。 나는 생일 파티를 열 계획이에요.
  Wǒ dǎsuan jǔxíng shēngrì pàiduì.

- 我打算看电影。 나는 영화를 볼 생각이에요.
  Wǒ dǎsuan kàn diànyǐng.

- 你打算去哪个国家? 너는 어느 나라에 갈 예정이니?
  Nǐ dǎsuan qù nǎ ge guójiā?

2　请

상대방에게 부탁이나 요청할 때 쓰는 공손한 표현입니다. 뒤에는 인칭대사가 쓰이는 경우가 많습니다.

ex
- 请你来参加。 당신도 참석해주세요.
  Qǐng nǐ lái cānjiā.

- 请你说汉语。 중국어로 말해주세요.
  Qǐng nǐ shuō Hànyǔ.

- 请进。 들어오세요.
  Qǐng jìn.

새로나온 단어

□□ 进　jìn　통 (밖에서 안으로) 들어가다

3 부사 一定

'반드시, 꼭'이라는 뜻으로 결연한 의지를 나타내는 표현입니다. 주로 1인칭에 쓰이는데,
2·3인칭에 쓰일 경우에는 어떤 행위를 끝까지 해낼 것을 요구하는 뜻이 됩니다.

ex
- 我一定参加。 나는 반드시 참석할게.
  Wǒ yídìng cānjiā.

- 我一定介绍你。 내가 반드시 너를 소개해줄게.
  Wǒ yídìng jièshào nǐ.

- 我一定看。 내가 꼭 볼게.
  Wǒ yídìng kàn.

어법 중의 어법

연도, 날짜 읽기

① 연도 읽기

2000年 èrlínglínglíng nián 또는 liǎngqiān nián

2006年 èrlínglíngliù nián

② 날짜 읽기

문어체(日 rì)	구어체(号 hào)
八月一日	八月一号
九月十二日	九月十二号
十月十五日	十月十五号
十一月二十日	十一月二十号
十二月三十一日	十二月三十一号

회화연습

1 다음 그림을 보고 빈칸을 채우세요.

①  今天几_____几_____?

②  祝你_____。

③  我打算举行_____。

2 녹음을 듣고 빈칸을 채워보세요. **Track-52**

今天八_____十二_____，星期二。明天五月三号。_____是我的
生日。后天我_____举行生日派对。我_____大卫_____我的生日
派对。

Jīntiān bā yuè shí'èr hào, xīngqī'èr. Míngtiān wǔ yuè sān hào.
Hòutiān shì wǒ de shēngrì. Hòutiān wǒ dǎsuan jǔxíng shēngrì
pàiduì. Wǒ qǐng Dàwèi cānjiā wǒ de shēngrì pàiduì.

3 다음 문장을 중국어로 말해보세요.

① 내일은 무슨 요일이니?　　➡ _____?

② 생일 축하해!　　➡ _____ !

③ 모레 생일 파티를 열 계획이야.　➡ _____。

1 다음 문장을 '～할 계획이다'라는 뜻으로 고쳐보세요.

① 我举行生日派对。

➡ _____ 。

② 我看电影。

➡ _____ 。

③ 我学习汉语。

➡ _____ 。

2 다음 제시어와 一定을 이용해 의지를 나타내는 표현으로 문장을 만들어 보세요.

① 我　　参加

➡ _____ 。

② 我　　看

➡ _____ 。

③ 我　　介绍　　你

➡ _____ 。

헉! 나는 공포영화를
볼 생각이
아니었는데…

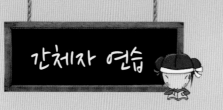

今天 jīntiān 오늘	今天	今天	今天	今天
	今天	今天	今天	今天
星期 xīngqī 요일	星期	星期	星期	星期
	星期	星期	星期	星期
举行 jǔxíng 열다, 거행하다	举行	举行	举行	举行
	举行	举行	举行	举行
派对 pàiduì 파티	派对	派对	派对	派对
	派对	派对	派对	派对
祝 zhù 축하하다	祝	祝	祝	祝
	祝	祝	祝	祝
参加 cānjiā 참가하다	参加	参加	参加	参加
	参加	参加	参加	参加

종이 오리기, 지엔즈

'지엔즈(剪紙 jiǎnzhǐ)'라고 하는 종이 오리기는 중국 전통 공예 중 하나로 6세기 정도부터 시작되었습니다. 옛날 중국 사람들은 종이를 예쁘게 오려 선물로 주고받기도 하고, 종이로 사람과 사물의 모습을 작게 만들어 죽은 사람과 함께 묻거나 제를 올릴 때 태웠다고 합니다.

처음에는 농촌의 부녀자들이 주로 지엔즈를 즐겼다고 하는데, 초창기 농촌의 질박함이 묻어나던 지엔즈는 도시로 퍼져나가면서 점점 정교해지고 즐기는 계층도 확대되었습니다.

지엔즈는 보통 빨간색 종이에 꽃이나 동물, 사람 등의 도안을 그리고 칼이나 가위로 오려내어 작품을 완성합니다. 다양한 색상의 종이를 이용해 화려하게 작품을 만들 수도 있는데, 매우 세밀하고 정교한 작업입니다. 그런 만큼 완성작은 '정말 손으로 만들었을까?'라는 의문이 들 정도로 매우 아름답습니다.

제10과

现在几点?
지금 몇 시니?

❶ **你几点起床?**
Nǐ jǐ diǎn qǐchuáng?

❷ **什么时候开始?**
Shénme shíhou kāishǐ?

❸ **现在几点?**
Xiànzài jǐ diǎn?

❹ **时间不早了。**
Shíjiān bù zǎo le.

새로나온 단어

Track-54

기본형

□□ 点	diǎn	명 시
□□ 起床	qǐchuáng	동 일어나다
□□ 什么时候	shénme shíhou	언제
□□ 开始	kāishǐ	동 시작하다
□□ 现在	xiànzài	명 지금, 현재
□□ 时间	shíjiān	명 시간
□□ 早	zǎo	형 (시간이) 이르다

확장형

□□ 每天	měitiān	명 매일
□□ 早上	zǎoshang	명 아침
□□ 晚上	wǎnshang	명 저녁
□□ 睡觉	shuìjiào	명동 잠(자다)
□□ 差	chà	형 부족하다, 모자라다
□□ 刻	kè	양 15분
□□ 家	jiā	명 집
□□ 离	lí	전 ~에서, ~로부터
□□ 这儿	zhèr	대 여기, 이곳
□□ 远	yuǎn	형 멀다
□□ 走路	zǒulù	동 (길을) 걷다
□□ 分钟	fēnzhōng	(시간의) 분
□□ 就	jiù	부 곧, 즉시, 바로, 당장
□□ 能	néng	조동 ~할 수 있다
□□ 到	dào	동 도착하다
□□ 该	gāi	조동 마땅히 ~해야 한다
□□ 出发	chūfā	동 출발하다

단어플러스+

시간부사 – 시간부사는 동작의 시간을 나타내는 부사입니다.

□ 马上	mǎshàng	곧, 즉시
□ 就	jiù	곧, 즉시, 바로, 당장
□ 才	cái	이제서야, ~에야 비로소
□ 已经	yǐjing	이미, 벌써
□ 慢慢地	mànmànde	천천히
□ 赶快	gǎnkuài	서둘러, 빨리

Track-55

金京美 **你每天早上几点起床**①?
Nǐ měitiān zǎoshang jǐ diǎn qǐchuáng?

李英爱 **七点起床。**
Qī diǎn qǐchuáng.

金京美 **你每天晚上几点睡觉**②?
Nǐ měitiān wǎnshang jǐ diǎn shuìjiào?

李英爱 **十一点睡觉。**
Shíyī diǎn shuìjiào.

① 아침 인사는 早上好!
Zǎoshang hǎo!입니다. 더 간단히
早! Zǎo!라고만 해도 됩니다.

② 저녁에 만났을 때 하는 인사는
晚上好! Wǎnshang hǎo!이며,
밤에 자기 전에 하는 인사는 晚安!
Wǎn'ān!입니다.

大卫 **京美的生日派对什么时候开始?**
Jīngměi de shēngrì pàiduì shénme shíhou kāishǐ?

李英爱 **五点^①。**
Wǔ diǎn.

大卫 **现在几点?**
Xiànzài jǐ diǎn?

李英爱 **差一刻^②五点。**
Chà yí kè wǔ diǎn.

大卫 **京美家离这儿远吗?**
Jīngměi jiā lí zhèr yuǎn ma?

李英爱 **不远，走^③路十分钟就能到。**
Bù yuǎn, zǒulù shí fēnzhōng jiù néng dào.

大卫 **时间不早了，我们该出发了^④。**
Shíjiān bù zǎo le, wǒmen gāi chūfā le.

① 정각을 강조하려면 五点整 wǔ diǎn zhěng이라고 하면 됩니다. 그럼 5시 30분은 어떻게 표현할까요? 정답은 五点半 wǔ diǎn bàn입니다.

② 一刻는 15분을 가리키며, 三刻는 45분을 가리킵니다.

③ 去 뒤에는 목적어가 올 수 있지만, 走 뒤에는 走路, 走道와 같이 길을 뜻하는 단어 외의 목적어가 올 수 없습니다.

④ 조동사 该는 '마땅히 ~하다'의 뜻이지만, 该…了는 '~할 때가 되다'의 뜻입니다.

1 什么时候

'언제'라는 뜻으로 구체적인 시간이나 대략의 때를 나타낼 때 씁니다.

> **ex** • 京美的生日派对什么时候开始？ 경미의 생일 파티는 언제 시작하니?
> Jīngměi de shēngrì pàiduì shénme shíhou kāishǐ?
>
> • 你什么时候去中国？ 너는 언제 중국에 가니?
> Nǐ shénme shíhou qù Zhōngguó?
>
> • 她什么时候开始学汉语？ 그녀는 언제 중국어를 배우기 시작하니?
> Tā shénme shíhou kāishǐ xué Hànyǔ?

2 전치사 离

주로 '离 + 장소 + 멀다 / 가깝다'의 형태로 쓰여 '~로부터 멀다 / 가깝다'라는 의미를 나타냅니다.

> **ex** • 京美家离这儿远吗？ 경미의 집은 여기서 머니?
> Jīngměi jiā lí zhèr yuǎn ma?
>
> • 学校离这儿很近。 학교는 여기서 가까워.
> Xuéxiào lí zhèr hěn jìn.
>
> • 我家离学校很远。 우리 집은 학교에서 멀어.
> Wǒ jiā lí xuéxiào hěn yuǎn.

새로나온 단어

近　jìn　혱 가깝다

3 부사 就

'곧, 바로, 즉시'라는 뜻으로 동사 앞에 쓰이며, 짧은 시간 내에 어떤 일이 발생할 때 사용합니다.

ex
- 不远，走路十分钟就能到。 멀지 않아. 걸어서 10분이면 도착할 수 있어.
  Bù yuǎn, zǒulù shí fēnzhōng jiù néng dào.

- 他六点半就起床。 그는 6시 반이면 일어난다.
  Tā liù diǎn bàn jiù qǐchuáng.

4 조동사 该

동사 앞에 붙어 '~해야 한다'라는 의미를 나타냅니다. 부정형은 그 앞에 不를 붙이면 됩니다.

ex
- 时间不早了，我们该出发了。 시간이 늦었어. 우리 출발해야 해.
  Shíjiān bù zǎo le, wǒmen gāi chūfā le.

- 我该睡觉了。 나 자야겠다.
  Wǒ gāi shuìjiào le.

- 你不该回家。 너는 집에 가지 말아야 한다.
  Nǐ bù gāi huí jiā.

어법 중의 어법 시간 읽기

중국어에서도 시간을 말할 때는 우리말과 같이 몇 시(时 shí) 몇 분(分 fēn)을 쓰지만, 일상 회화에서는 시간을 点 diǎn이라고 합니다. 또한, 이때 2시는 二点 èr diǎn이 아니라 반드시 两点 liǎng diǎn이라는 점에 주의합니다.

2:00	两点
2:30	两点三十分(半)
7:00	七点
8:14	八点十四分

1 다음 그림을 보고 답해보세요.

① 金京美：你每天晚上几点睡觉？

李英爱：＿＿＿＿＿＿＿睡觉。

② 大　卫：京美的生日派对什么时候开始？

李英爱：五点。

大　卫：现在几点？

李英爱：＿＿＿＿＿＿＿＿＿＿。

2 녹음을 듣고 빈칸을 채워보세요. Track-57

我＿＿＿＿七点起床，＿＿＿＿＿十一点睡觉。今天是京美的生日。生日派对五点开始。＿＿＿＿＿差一刻五点。京美家＿＿＿＿这儿不远，走路十分钟就能到。

Wǒ měitiān qī diǎn qǐchuáng, wǎnshang shíyī diǎn shuìjiào. Jīn-tiān shì Jīngměi de shēngrì. Shēngrì pàiduì wǔ diǎn kāishǐ. Xiànzài chà yí kè wǔ diǎn. Jīngměi jiā lí zhèr bù yuǎn, zǒulù shí fēnzhōng jiù néng dào.

3 다음 문장을 중국어로 말해보세요.

① 너는 매일 아침 몇 시에 일어나니? ➡ ＿＿＿＿＿＿＿＿＿＿＿＿＿＿＿？

② 지금은 몇 시니? ➡ ＿＿＿＿＿＿＿＿＿＿＿＿＿＿＿？

③ 경미의 집은 여기에서 머니? ➡ ＿＿＿＿＿＿＿＿＿＿＿＿＿＿＿？

1 什么时候라는 표현을 사용해 의문문을 만들어보세요.

① 京美的生日派对开始了。

➡ _____?

② 他去中国。

➡ _____?

③ 他开始学汉语。

➡ _____?

2 다음 제시어와 该를 이용해 '마땅히 ~해야 한다'는 뜻의 문장을 만들어 보세요.

① 我　　　出发

➡ _____。

② 我　　　睡觉

➡ _____。

③ 我　　　回家

➡ _____。

그래!
가는 거야~

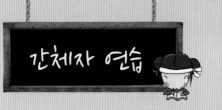

| 起床
qǐchuáng
일어나다 | 起床 | 起床 | 起床 | 起床 |
| 起床 | 起床 | 起床 | 起床 |

| 开始
kāishǐ
시작하다 | 开始 | 开始 | 开始 | 开始 |
| 开始 | 开始 | 开始 | 开始 |

| 现在
xiànzài
지금, 현재 | 现在 | 现在 | 现在 | 现在 |
| 现在 | 现在 | 现在 | 现在 |

| 时间
shíjiān
시간 | 时间 | 时间 | 时间 | 时间 |
| 时间 | 时间 | 时间 | 时间 |

| 晚上
wǎnshang
저녁 | 晚上 | 晚上 | 晚上 | 晚上 |
| 晚上 | 晚上 | 晚上 | 晚上 |

| 睡觉
shuìjiào
잠자다 | 睡觉 | 睡觉 | 睡觉 | 睡觉 |
| 睡觉 | 睡觉 | 睡觉 | 睡觉 |

중국인의 여흥게임, 마작

중국 영화나 TV 프로그램을 보면 마작을 하는 장면이 많이 나옵니다. 중국인들은 명절이나 휴일에 친척, 친구들과 함께 탁자에 둘러앉아 심심찮게 마작을 즐기기 때문이지요. 심지어는 길거리에서 판을 벌이는 모습도 어렵지 않게 찾아볼 수 있습니다.

청나라 초기에 그 틀을 갖추었다고 하는 마작은 중국어로 麻将 májiàng이라고 합니다. 우리나라에는 갑오개혁을 전후하여 들어왔는데, 패를 섞을 때 참새 지저귀는 소리가 난다고 해서 참새라는 뜻의 '마작(麻雀)'이라고 불렀다네요.

마작은 4명이 136개의 패를 짝지어 승부를 겨루는 게임입니다. 그러므로 패를 외우는 것만도 만만치 않은 두뇌 게임이라 할 수 있습니다.

- 본문 해석
- 정답
- 단어 INDEX

본문해석

제3과 你好! 안녕!

회화 01

김경미	잘 지내니?
이영애	잘 지내, 고마워!
김경미	잘 가!
이영애	잘 가!

회화 02

선생님	안녕!
김경미	선생님, 안녕하세요!
선생님	영애와 데이빗도 잘 지내니?
김경미	그 애들도 모두 잘 지내요. 고맙습니다!
선생님	내일 보자!
김경미	내일 뵐게요!

제4과 好久不见! 오랜만이야!

회화 01

김경미	오랜만이야!
데이빗	오랜만이야!
김경미	건강하니?
데이빗	건강해. 고마워!

회화 02

이영애	안녕! 어디 가니?
데이빗	학교에 가.
이영애	공부는 어때?
데이빗	잘하고 있어.
이영애	너 요즘 바쁘니?
데이빗	별로 안 바빠. 너는?
이영애	나도 별로 안 바빠.

제5과 你叫什么名字? 넌 이름이 뭐니?

회화 01

김경미	나는 김경미라고 해. 너는 이름이 뭐니?
이소룡	나는 이소룡이야.
김경미	만나서 반가워!
이소룡	너를 만나서 나도 반가워!

회화 02

이영애	성이 어떻게 되세요?
이소룡	저는 이씨이며, 이소룡이라고 합니다.
이영애	어느 나라 사람이에요?
이소룡	저는 중국 사람입니다.
이영애	베이징 사람인가요?
이소룡	아니요. 저는 상하이 사람입니다.

제6과 我来介绍一下。 내가 소개할게.

회화 01

이소룡	그녀는 누구야?
김경미	내 여동생이야.
이소룡	너는 오빠가 없니?
김경미	나는 오빠 없어. 여동생 한 명뿐이야.

회화 02

김경미	내가 소개할게. 이쪽은 내 중국친구 이소룡이야. 이쪽은 내 여동생이고.
이소룡	안녕. 만나서 정말 반가워.
여동생	저도 만나서 반가워요.
이소룡	중국어 정말 잘하는구나.
여동생	뭘요.

你今年多大?
올해 몇 살이니?

회화 01
데이빗   너는 올해 몇 살이니?
이소룡   나는 스물두 살이야.
데이빗   너는 대학생이니?
이소룡   응. 나는 대학생이야.

회화 02
이소룡   실례지만, 나이가 어떻게 되시죠?
이영애   스물세 살 개띠예요.
이소룡   저보다 한 살 더 많네요. 대학생인가요?
이영애   저는 칭화대학 3학년 학생이에요.
이소룡   전공이 뭐예요?
이영애   중국어요. 중국어 공부는 정말 재미있어요.

제8과 **你喜欢什么运动?**
넌 어떤 운동을 좋아하니?

회화 01
김경미   나는 독서를 좋아해. 너는?
이소룡   나는 음악감상을 좋아해.
김경미   너는 영어를 할 줄 아니?
이소룡   영어 할 줄 알아.

회화 02
이소룡   너는 무슨 운동을 좋아하니?
데이빗   나는 축구를 좋아해.
이소룡   너는 축구를 할 줄 아니?
데이빗   축구 할 줄 알지.
이소룡   그럼 주말에 나하고 축구 하자!
데이빗   그거 좋지!

제9과 **今天几月几号?**
오늘은 몇 월 며칠이니?

회화 01
김경미   오늘은 몇 월 며칠이니?
이영애   오늘은 8월 12일이야.
김경미   오늘은 무슨 요일이니?
이영애   오늘은 화요일이야.

회화 02
김경미   내일은 몇 월 며칠이니?
데이빗   내일은 5월 3일이야.
김경미   모레가 내 생일이야.
데이빗   그래? 생일 축하해!
김경미   고마워! 모레 생일 파티를 열려고 하는데,
         너도 와줘.
데이빗   그래. 꼭 참석할게.

제10과 **现在几点?**
지금 몇 시니?

회화 01
김경미   너는 매일 아침 몇 시에 일어나니?
이영애   7시에 일어나.
김경미   너는 매일 밤 몇 시에 자니?
이영애   11시에 자.

회화 02
데이빗   경미의 생일 파티는 몇 시에 시작하니?
이영애   5시에.
데이빗   지금은 몇 시니?
이영애   4시 45분이야.
데이빗   경미네 집은 여기서 머니?
이영애   안 멀어. 걸어서 10분이면 도착해.
데이빗   시간이 얼마 안 남았네. 우리 출발해야겠다.

정답

제1과

연습1

1 ① ch ② t ③ z ④ p

2 ① üe ② iong ③ uei ④ ing

3 ① dang ② guan ③ yuan ④ mian

제2과

연습1

1 ① huā ② niǎo ③ shù

2 ① bīngxiāng
　② yóujú
　③ diànhuà
　④ bēizi

제3과

연습1

1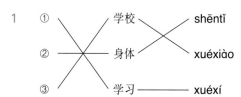

2 ① 好
　② 您
　③ 都很好

3 ① 你好
　② 谢谢
　③ 再见

연습2

1 ① 我和你
　② 老师和大卫

2 ① 我也很好
　② 他们也都很好

제4과

연습1

1 ①　　学校　　　shēntǐ
　②　　身体　　　xuéxiào
　③　　学习────xuéxí

2 身体 / 学习 / 很忙 / 也 / 都

3 ① 你最近忙吗
　② 最近我不太忙，你呢
　③ 你去哪儿

연습2

1 ① 大卫学习不好
　　 大卫学习不太好
　② 英爱身体不好
　　 英爱身体不太好

2 ① 我很好，你呢
　② 我最近很忙，你呢
　③ 我学习很好，英爱呢

제5과

연습1

1　① 韩国人　　　　　rènshi

　　② 高兴　　　　　　gāoxìng

　　③ 认识　　　　　　Hánguórén

2　叫 / 叫 / 是 / 不是 / 韩国人 / 认识 / 很高兴

3　① 你叫什么名字
　　② 认识你很高兴
　　③ 你是韩国人吗

연습2

1　① 我不是上海人
　　② 我不是中国人

2　① 你是哪国人
　　② 你叫什么名字
　　③ 你去哪儿

제6과

연습1

1　① 有　　　　　　　péngyou

　　② 没有　　　　　　méiyǒu

　　③ 朋友　　　　　　yǒu

2　一下 / 的 / 这是 / 没有 / 一个

3　① 我来介绍一下
　　② 你的汉语很好
　　③ 我只有一个妹妹

연습2

1　① 她是谁
　　② 你是谁

2　① 你有没有妹妹
　　② 你有没有哥哥
　　③ 你有没有书

제7과

연습1

1　① 狗　　　　　　　xuésheng

　　② 学生　　　　　　gǒu

　　③ 有意思 ——————— yǒu yìsi

2　岁 / 大学生 / 属狗 / 比 / 学生 / 中文

3　① 你是大学生吗
　　② 请问, 你今年多大了(你今年多大年纪了)
　　③ 学中文很有意思

연습2

1　① 李英爱比小龙大一岁 /
　　　小龙比李英爱小一岁
　　② 他比我大六岁 / 我比他小六岁

2　① 你的专业是什么
　　② 我是清华大学三年级的学生
　　③ 他的妹妹今年二十岁

제8과

연습1

1　① 足球
　　② 音乐
　　③ 书

2　喜欢 / 听 / 会 / 跟 / 一起踢 / 学习

3　① 你会说英语吗
　　② 你喜欢什么运动
　　③ 那太好了

연습2

1　① 他喜欢看书
　　② 我喜欢听音乐
　　③ 他喜欢学英语

2　① 我会踢足球
　　② 他会说英语
　　③ 他会写汉字

제9과

연습1

1　① 月 / 号
　　② 生日快乐
　　③ 生日派对

2　月 / 号 / 后天 / 打算 / 请 / 参加

3　① 明天星期几
　　② 祝你生日快乐
　　③ 后天我打算举行生日派对

연습2

1　① 我打算举行生日派对
　　② 我打算看电影
　　③ 我打算学习汉语

2　① 我一定参加
　　② 我一定看
　　③ 我一定介绍你

제10과

연습1

1　① 十一点
　　② 差一刻五点 / 四点四十五分(钟) / 四点三刻

2　每天 / 晚上 / 现在 / 离

3　① 你每天几点起床
　　② 现在几点
　　③ 京美家离这儿远吗

연습2

1　① 京美的生日派对什么时候开始
　　② 他什么时候去中国
　　③ 他什么时候开始学汉语

2　① 我该出发了
　　② 我该睡觉了
　　③ 我该回家了

INDEX

INDEX

INDEX

외국어 출판 40년의 신뢰
외국어 전문 출판 그룹
동양북스가 만드는 책은 다릅니다.

40년의 쉼 없는 노력과 도전으로 책 만들기에 최선을 다해온 동양북스는
오늘도 미래의 가치에 투자하고 있습니다.
대한민국의 내일을 생각하는 도전 정신과 믿음으로 최선을 다하겠습니다.

동양북스

동양북스 추천 교재

일본어 교재의 최강자, 동양북스 추천 교재

회화 코스북

일본어뱅크 다이스키
STEP 1·2·3·4·5·6·7·8

일본어뱅크
New 스타일 일본어 회화
1·2·3

일본어뱅크 도모다찌
STEP 1·2·3

분야서

일본어뱅크
NEW 스타일 일본어 문법

일본어뱅크
일본어 작문 초급

일본어뱅크
사진과 함께하는
일본 문화

일본어뱅크
항공 서비스 일본어

가장 쉬운 독학
일본어 현지회화

수험서

일취월장 JPT
독해 · 청해

일취월장 JPT
실전 모의고사 500 ·700

新일본어능력시험
실전적중 문제집 문자 · 어휘 N1 · N2
실전적중 문제집 문법 N1 · N2

新일본어능력시험
실전적중 문제집 독해 N1 · N2
실전적중 문제집 청해 N1 · N2

단어 · 한자

新버전업
일본어 한자 암기박사

일본어 상용한자 2136
이거 하나면 끝!

일본어뱅크
New 스타일 일본어 한자 1 · 2

가장 쉬운 독학
일본어 단어장

중국어 교재의 최강자, 동양북스 추천 교재

중국어뱅크 북경대학 한어구어
1·2·3·4·5·6

중국어뱅크 스마트중국어
STEP 1·2·3·4

중국어뱅크 뉴스타일중국어
STEP 1·2

중국어뱅크
문화중국어 1·2

중국어뱅크
관광 중국어 1·2

중국어뱅크
여행 중국어

중국어뱅크
호텔 중국어

중국어뱅크
판매 중국어

중국어뱅크
항공 서비스 중국어

중국어뱅크
의료관광 중국어

정반합 新HSK
1급·2급·3급·4급·5급·6급

버전업! 新HSK 한 권이면 끝
3급·4급·5급·6급

버전업! 新HSK VOCA 5급·6급

가장 쉬운 독학 중국어 단어장

중국어뱅크
중국어 간체자 1000

新버전업
중국어 한자 암기박사

📖 동양북스 추천 교재

중고급 학습

첫걸음 끝내고 보는
프랑스어
중고급의 모든 것

첫걸음 끝내고 보는
스페인어
중고급의 모든 것

첫걸음 끝내고 보는
독일어
중고급의 모든 것

첫걸음 끝내고 보는
태국어
중고급의 모든 것

단어장

버전업! 가장 쉬운
프랑스어 단어장

버전업! 가장 쉬운
스페인어 단어장

버전업! 가장 쉬운
독일어 단어장

여행 회화

NEW 후다닥
여행 중국어

NEW 후다닥
여행 일본어

NEW 후다닥
여행 영어

NEW 후다닥
여행 독일어

NEW 후다닥
여행 프랑스어

NEW 후다닥
여행 스페인어

NEW 후다닥
여행 베트남어

NEW 후다닥
여행 태국어

수험서 · 교재

한 권으로 끝내는 DELE
어휘·쓰기·관용구편 (B2~C1)

수능 기초 베트남어
한 권이면 끝!

버전업! 스마트 프랑스어